D1717415

Linda Engelbrecht

Multitasking im Straßenverkehr

Eine reelle Gefahr?

Bachelor + Master
Publishing

Engelbrecht, Linda: Multitasking im Straßenverkehr. Eine reelle Gefahr?, Hamburg, Diplomica Verlag GmbH 2012
Originaltitel der Abschlussarbeit: Trackingleistung unter dem Einfluss von Sprachverstehen, -planung und -produktion

ISBN: 978-3-86341-434-4
Druck: Bachelor + Master Publishing, ein Imprint der Diplomica® Verlag GmbH, Hamburg, 2012
Zugl. Ruhr-Universität Bochum, Bochum, Deutschland, Diplomarbeit, Juli 2009

Bibliografische Information der Deutschen Nationalbibliothek:
Die Deutsche Nationalbibliothek verzeichnet diese Publikation in der Deutschen Nationalbibliografie; detaillierte bibliografische Daten sind im Internet über http://dnb.d-nb.de abrufbar.

Die digitale Ausgabe (eBook-Ausgabe) dieses Titels trägt die ISBN 978-3-86341-934-9 und kann über den Handel oder den Verlag bezogen werden.

Meinen herzlichen Dank an meine Betreuer, Hans-Georg und Waltraud, mit denen diese Arbeit ins Leben gerufen wurde. Vielen Dank auch für die beständige Betreuung und Unterstützung. Ebenso herzlichen Dank an meine liebe Frau, meine Familie und Freunde. Danke für Eure Motivationsschübe, Veränderungsvorschläge und Euer Lob.

Inhaltsverzeichnis

1.   Zusammenfassung

In zahlreichen Studien konnte die negative Auswirkung der Mobiltelefonbenutzung während der Autofahrt als Doppelaufgaben-Interferenz nachgewiesen werden. Der Gesetzgeber hat darauf reagiert und Telefongespräche während der Fahrt verboten, sofern das Telefongerät dafür mit der Hand aufgenommen oder gehalten werden muss. Obwohl vielfach nachgewiesen wurde, dass es nicht die motorische Komponente ist, die zu einer Erhöhung des Unfallrisikos führt, sondern die kognitive Überlastung während des Telefonierens, erlaubt der Gesetzgeber weiterhin Telefongespräche über eine Freisprechanlage. In dieser Studie wird mit einem multifaktoriellen Versuchsdesign (2x2 faktoriell unabhängig für die Sprechaufgabe und 2x4x6 faktoriell mit Messwiederholung für die Trackingaufgabe) der Frage nachgegangen, inwieweit der Inhalt eines Telefonats (räumlich oder nicht-räumlich) sich auf die Leistung in einer Tracking-Aufgabe auswirkt und welchen unterschiedlichen Einfluss Sprachverstehen, gegenüber Sprachplanung und Sprachproduktion auf die Trackingleistung hat. Dazu hörten Probanden während einer Trackingaufgabe Aussagen mit räumlichem oder nicht-räumlichem Inhalt, die entweder wahr oder unwahr waren. Die Aufgabe bestand darin, die Aussagen auf Richtigkeit zu überprüfen, gegebenenfalls zu korrigieren und schließlich die wahre Aussage zu formulieren. Es konnte gezeigt werden, dass die Ebene der Sprechanforderung (Sprachverstehen, -planung und -produktion) sich in unterschiedlicher Weise auf den Verlauf des Adaptionsverhaltens (Trackingleistung) der Probanden auswirkt. Bei der räumlichen Sprechaufgabe unter Zusatzaufgabenbedingung wurden am meisten falsche Aussagen produziert und Pausen gemacht, die Sprechgeschwindigkeit war am langsamsten und die Latenzzeit am längsten. Die Ergebnisse dieser Studie bestätigen den vielfach benannten negativen Einfluss der Benutzung eines Mobiltelefons während der Autofahrt. Diese Studie legt nahe, für weitere Forschungsarbeiten den Inhalt des Gesprochenen und die Ebene der Sprechanforderung als wichtige Determinanten weiter zu untersuchen.

Schlüsselwörter: Mobiltelefonbenutzung,   Doppelaufgaben-Interferenz,   kognitive Überlastung, Sprachverstehen, Sprachplanung, Sprachproduktion, Trackingleistung

2. Einleitung

2.1. Hinführung zum Thema

Das heutige Leben stellt eine Reihe von Anforderungen an den Menschen, die er in der Regel in angemessener Art und Weise zu meistern versteht. Doppelaufgabenbelastung und Multitasking sind im menschlichen Alltag nicht mehr wegzudenken. Häufig müssen mehrere Dinge gleichzeitig ausgeführt werden, insbesondere im Beruf, aber nicht nur dort, sondern nahezu überall wird verlangt, dass gewisse Dinge parallel ausgeübt werden können. Irgendwann gerät aber selbst ein Mensch mit höchst ausgebildeten Fähigkeiten und Fertigkeiten an seine Grenzen.

Menschen können sich unterhalten und dabei aufrecht stehen ohne umzufallen. Ebenso sind sie dazu in der Lage, spazieren zu gehen und dabei zu reden. Bei diesen alltäglichen Handlungen kommt es nicht zu Beeinträchtigungen. Im Gegensatz dazu gibt es aber auch andere hoch automatisierte Handlungen, die bei paralleler Ausführung Fehler in einem oder mehreren Teilbereichen verursachen. An dieser Stelle sei die Benutzung eines Mobiltelefons während des Autofahrens erwähnt. In der Literatur sind die Auswirkungen der Mobiltelefonbenutzung auf die Fahrleistung vielfach dokumentiert (z.B. Redelmeier & Tibshirani, 1997).

2.2. Theoretischer Hintergrund

Aufgaben, die an den Menschen gestellt werden, kann dieser in der Regel schnell ausführen, wie etwa das Reagieren auf einen dargebotenen Lichtreiz mit einem Tastendruck. Für dessen Bearbeitungsablauf wird ein Multispeichermodell angenommen (z.B. Atkinson & Shiffrin, 1968). Dabei gelangt die Information aus der Umwelt zunächst in einen sensorischen Speicher mit einer extrem begrenzten Kapazität von wenigen Sekunden, in dem die Modalität der sensorischen Information festgestellt wird (auditiv, visuell, haptisch, etc.). Von dort aus gelangt die Information in das Kurzzeitgedächtnis mit einer ebenfalls limitierten Kapazität, das nach Atkinson & Shiffrin (1968) als temporäres Arbeitsgedächtnis fungiert. Hier wird die eingegangene Information verarbeitet, Kontrollprozesse wie Wiederholungen, Kodierungen sowie das Generieren von Entscheidungen und Abrufstrategien laufen hier ab. Nach der Bearbeitung wird die Information mit dem Wissen aus dem Langzeitgedächtnis abgeglichen und daraus resultiert schließlich die ausgehende Reaktion auf die eingegangene Umweltinformation. Man geht davon aus, dass zwischen dem Kurz- und Langzeitgedächtnis ein Austausch besteht und dass Informationen, die beispielsweise häufig wiederholt oder als wichtig eingestuft werden, in das Langzeitgedächtnis gelangen und dort verbleiben. Die Kapazität des Langzeitgedächtnisses wird als unlimitiert angesehen.

Eine Erweiterung dieses Modells hinsichtlich des Arbeitsgedächtnisses stammt von Baddeley & Hitch (1974). Das Arbeitsgedächtnis wird als ein System mit limitierter Kapazität definiert, dessen Aufgabe die kurzzeitige Speicherung und zielgerichtete Verarbeitung von Informationen ist und zur Ausführung komplexer kognitiver Aufgaben benötigt wird. Nach Baddeley & Hitch (1974) besteht das Arbeitsgedächtnis (siehe Abb. 1) aus drei Komponenten: der phonologischen Schleife, dem visuell-räumlichen Skizzenblock

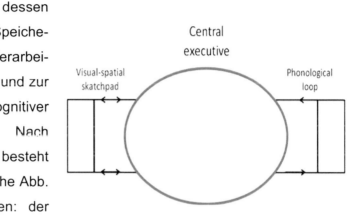

Abb. 1: Modell des Arbeitsgedächtnisses nach Baddeley & Hitch (1974)

und der zentralen Exekutive. Die phonologische Schleife ist eine Art Kurzzeitspeicher für sprachliche und sprachähnliche Informationen, der visuell-räumliche Skizzenblock ist jene Komponente in dem Modell des Arbeitsgedächtnisses, das für die temporäre Beibehaltung oder Speicherung visueller und räumlicher Informationen verantwortlich ist. Diese beiden Subsysteme besitzen über die Kurzzeitspeicherfunktion hinaus einen aktiven Rehearsal-Mechanismus, der durch stetige Wiederholung die Gedächtnisinhalte vor dem ansonsten binnen weniger Sekunden drohenden Verfall bewahren kann. Als die wichtigste, überwachende und vermittelnde Komponente in diesem Modell wird die zentrale Exekutive gesehen, die anstatt als Speichersystem vielmehr als aufmerksamkeitsbasierende Kontrollinstanz arbeitet und für die zielgerichtete Informationsverarbeitung verantwortlich ist.

Der Frage, welche Rolle die Aufmerksamkeit bei der Kontrolle und Ausführung von Handlungen spielt, sind Norman & Shallice (1986) nachgegangen. Sie unterscheiden in ihrer Theorie des Supervisory Attentional Systems zwei Kontrollmodelle: ein automatisch ablaufendes, welches sich auf Gewohnheiten stützt und eins, das von aufmerksamkeitslimitierten Ausführungen abhängt. Jene Handlungen, für die bereits ein geeignetes Schema angelegt ist, welches in der gegebenen Situation aktiviert werden kann, vollziehen sich entsprechend der im Schema gespeicherten Weise automatisch. Routinehandlungen und hochautomatisierte Handlungen laufen nach Norman & Shallice (1986) in dieser Form unwillkürlich und automatisch ab. Das System, das zur Ausführung solcher Handlungen verantwortlich ist, wird als Contention Scheduling (CS) bezeichnet. Kontrollierte und komplexe Aufgaben hingegen, für deren Ausführung willkürliche Aufmerksamkeit erforderlich ist, bemächtigen sich dem Supervisory Attentional System (SAS). Das sind Aufgaben, die mit einem vorprogrammierten Plan in einem Schema nicht zu lösen sind. Es handelt sich hierbei etwa um unbekannte oder gefährliche Aufgaben, solche, für die Planung, Koordination, Entscheidung oder Reflektion erforderlich sind oder bei denen eine Fehlersuche zielführend ist. Das SAS ist hinsichtlich der Aufmerksamkeitsressourcen limitiert und wird häufig als Pendant zu der zentralen Exekutiven in Baddeley & Hitch`s Modell des Arbeitsgedächtnisses von 1974 gesehen (z.B. Matthes-von Cramon & von Cramon, 2000).

Einzelne Aufgaben können in der Regel mit den zur Verfügung stehenden Mechanismen erfolgreich gelöst und bearbeitet werden. Was aber passiert, wenn zwei Aufgaben gleichzeitig bearbeitet werden müssen? Es handelt sich hierbei um die Ausführung von Doppelaufgaben, bei denen zur Bearbeitung beider Aufgaben eine auf beide Aufgaben geteilte Aufmerksamkeit erforderlich ist. In der Literatur ist vielfach dokumentiert, dass das gleichzeitige Ausführen zweier Aufgaben zu Leistungseinbußen in mindestens einer der Teilaufgaben führt. Bosshardt, Ballmer und de Nil (2002) konnten beispielsweise zeigen, dass es unter anderem bei der Entscheidung über Kategorien- oder Reimzugehörigkeit von Wörtern und der Produktion von Sprache zu Interferenzen kommt. „Traditionell wird Doppelaufgaben-Interferenz als Beleg für die Kapazitätsbeschränkung des Informationsverarbeitungssystems aufgefasst" (Koch, 2008, S.24). Zur Erklärung der Interferenzphänomene bei parallel auszuführenden Teilaufgaben werden häufig zwei Arten von Theorien vorgeschlagen. Auf der einen Seite steht die Annahme von Flaschenhalstheorien, die

die Leistungslimitierung erklären können, auf der anderen Seite gibt es die Annahme limitierter kognitiver Ressourcen.

Die Position von Flaschenhalstheorien annehmend (z.B. Welford, 1952) geht man davon aus, dass die Fülle an Teilaufgaben, die bei Doppelaufgaben gleichzeitig ausgeführt werden müssen, nicht gleichzeitig bearbeitet werden können. Pashler (1994) konnte zeigen, dass zwei Reaktionszeitaufgaben, die zeitlich sehr nah beieinander liegen, miteinander interferieren. Die Zeitdifferenz der Darbietung der beiden Reaktionszeitaufgaben wird als Stimulus-Onset Asynchronie (SOA) bezeichnet. Bei der Darbietung zweier Reaktionszeitaufgaben mit Variation des SOA ergibt sich kein Einfluss der SOA-Manipulation auf die Reaktionszeit auf den ersten Stimulus. Bei zunehmend kürzerem SOA steigt die Reaktionszeit auf den zweiten Stimulus jedoch immer weiter an. Diese Doppelaufgaben-Interferenz bezeichnet man auch als Psychologischen Refraktärperioden-Effekt (PRP-Effekt). Nach dem Engpass-Modell von Pashler (1994) ist davon auszugehen, dass mehrere Aufgaben nicht parallel ausgeführt, sondern nur nach und nach seriell abgearbeitet werden können, so dass sich eine Art Warteschlange bildet. Das heißt, jener Teilprozess, der sich am nächsten am Verarbeitungsprozessor befindet, wird auch zuerst bearbeitet (damit sind die Ergebnisse der Experimente im PRP-Paradigma zu erklären). Die Teilaufgaben, die sich ansammeln, können also nicht parallel verarbeitet werden, sondern nur nacheinander. Dadurch kommt es zu Leistungseinbußen und verzögerter Bearbeitung in der Teilaufgabe. Pashler (1994) ging in seinen Experimenten von drei klar abgrenzbaren aufeinanderfolgenden Stufen der Verarbeitung in seinen Reaktionszeitexperimenten aus: einer Stufe der perzeptuellen Verarbeitung, einer Stufe der Reaktionsauswahl und schließlich einer Stufe der Reaktionsausführung. Er fand heraus, dass die Parallelverarbei-

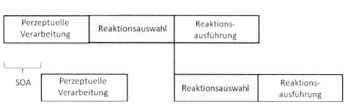

Abb. 2: Schematische Darstellung der Verarbeitungsstufen im Engpass-Modell von Pashler (1994). Die Reaktionsauswahl der beiden Reaktionszeitaufgaben kann nur seriell ablaufen, so dass es zu einer Reaktionszeit-verlängerung für den zweiten Stimulus kommt.

tung auf der Stufe der Reaktionsauswahl ihren Engpass findet (siehe Abb. 2). Die beiden Aufgaben können nicht parallel ausgeführt werden und somit wird die zweite Aufgabe solange zurückgestellt, bis die erste auf der Stufe der Reaktionsauswahl abgearbeitet wurde. Dadurch entsteht ein Flaschenhals, der die Verzögerung der Reaktionszeit nach sich zieht.

Nach der Theorie kognitiver Ressourcen (z.B. Kahneman, 1973), Navon & Gapher, 1979) ist anzunehmen, dass die gleichzeitig anfallenden Aufgaben sehr wohl gleichzeitig bearbeitet werden können, sofern die Kapazitätsgrenzen des Verarbeitungssystems nicht überschritten werden. Es herrscht die Vorstellung der Aufmerksamkeit als einer limitierten, flexibel einsetzbaren Ressource, die auf eine oder mehrere Tätigkeiten konzentriert werden kann. Je nach Schwierigkeit und Komplexität der Aufgabe wird mehr oder weniger Aufmerksamkeit benötigt und dementsprechend die Ressource in unterschiedlichem Umfang belastet. Man geht davon aus, „dass jede Aufgabe eine bestimmte Menge an Aufmerksamkeitsressourcen erfordert, und dass Doppelaufgaben-Interferenz entsteht, wenn zwei Aufgaben gleichzeitig mehr Ressourcen erfordern als aktuell zur Verfügung stehen. In diesem Fall müssten die Ressourcen aufgeteilt werden" (Koch, 2008, S.24). Je nach Ressourcenzuteilung und Aufmerksamkeitsverteilung können entweder beide Aufgaben oder nur eine davon fehlerhaft bearbeitet werden, so dass die Leistung in einer oder sogar in beiden Aufgaben beeinträchtigt ist.

Die beiden genannten Theorien werden nicht als konkurrierend, sondern eher als ergänzend angesehen (Navon & Miller, 2002), demnach schließen sich die Annahmen gegenseitig nicht aus.

Es stellt sich die Frage, wann es bei parallel auszuführenden Aufgaben zu Interferenzen kommt und worin sich diejenigen Aufgaben, die ohne Einbußen gleichzeitig ausgeführt werden können, von denen unterscheiden, bei denen es zu Interferenzerscheinungen kommt. Faktoren, die die Doppelaufgabenleitung negativ beeinflussen, sind Aufgabenähnlichkeit (z.B. Allport, Antonis & Reynolds, 1972) und Aufgabenschwierigkeit (z.B. Sullivan, 1976). Positiv beeinflusst wird die gleichzeitige Ausführung von Aufgaben durch Übung (z.B. Spelke, Hirst & Neisser, 1976) und Stimulus-Response Kompatibilität (z.B. Duncan, 1979).

Allport et al. (1972) konnten zeigen, dass das Lernen von Wörtern während der Wiederholung einer Prosa Passage zu Interferenzen führt, wohingegen die Gedächtnisleistung der Wörter gut ist, wenn das zu behaltende Material aus Bildern besteht. In einer Untersuchung von Sullivan (1976) sollten Probanden einen Text nachsprechen (schattierte Aufgabe) und gleichzeitig Wörter in einem nicht-schattierten Text entdecken. Mit steigender Schwierigkeit der schattierten Aufgabe durch eine geringere Redundanz wurden weniger Zielwörter im nicht-schattierten Text erkannt. Duncan (1997) machte eine Untersuchung über die Störung der räumlichen Kompatibilität zwischen Stimulus-Ort und Reaktions-Ort. Es stellte sich heraus, dass die Reaktion auf zwei aufeinanderfolgende Stimuli, die rechts oder links dargeboten werden können, leichter fällt, wenn sie mit der räumlich kompatiblen Hand gemacht wird. Im inkompatiblen Fall verlängert sich die Reaktionszeit und die Fehlerrate nimmt zu. Es ist daraus zu schließen, dass das gleichzeitige Ausführen zweier Aufgaben mehr ist als die Summe der beiden Aufgaben. Es entsteht durch die zusätzliche Koordination eine weitere Anforderung, die bei Stimulus-Response Inkompatibilität zu größeren Interferenzen führt. Im Fall der Stimulus-Response Kompatibilität wirkt sich das Zusammenwirken positiv auf die Ausführung der Aufgaben aus.

Den positiven Effekt der Übung auf die Ausführung zweier Aufgaben konnten Spelke et al. (1976) nachweisen. In deren Untersuchung trainierten sie zwei Studenten dahingehend, gleichzeitig Kurzgeschichten zu lesen und diktierte Wörter zu schreiben. Zunächst war die Leistung hinsichtlich des Behaltens der Kurzgeschichte und die Lesegeschwindigkeit, sowie der Leserlichkeit der Handschrift und der Fehlerhaftigkeit des Geschriebenen sehr schlecht. Nach einem sechswöchigen Training (eine Stunde täglich) ließen sich keine Unterschiede in der Lesegeschwindigkeit und Behaltensleistung mit und ohne Diktat mehr feststellen. Die Handschrift und Fehlerzahl haben sich ebenfalls verbessert. Anhand dieses Beispiels wird die Auswirkung von Training auf die Leistungsoptimierung auch im Doppelaufgabenbereich deutlich.

Beim Autofahren handelt es sich um eine solche höchst geübte und höchst automatisierte Handlung. Dennoch gibt es zahlreiche Belege dafür, dass die Fahrleistung durch Gespräche mit einem Mobiltelefon verschlechtert wird (z.B. Redelmeier & Tibshirani, 1997; Violanti, 1998; Violanti & Marshall, 1996; Strayer, Drews & Johnston, 2003). Redelmeier & Tibshirani (1997) vergleichen die Verschlechterung der Fahrleistung mit dem Fahren unter Alkoholeinfluss oberhalb der gesetzlichen Promillegrenze. In vielen Ländern ist deshalb die Benutzung eines Mobiltelefons während der Autofahrt verboten. Ebenso in der Bundesrepublik Deutschland. Gemäß der Straßenverkehrsordnung gilt folgendes: „Dem Fahrzeugführer ist die Benutzung eines Mobil- oder Autotelefons untersagt, wenn er hierfür das Mobiltelefon oder den Hörer des Autotelefons aufnimmt oder hält. Dies gilt nicht, wenn das Fahrzeug steht und bei Kraftfahrzeugen der Motor ausgeschaltet ist" (§ 23 Abs. 1a, StVo). McEvoy, Stevenson, McCartt, Woodward, Haworth & Palamara (2005) konnten anhand von statistisch registrierten Unfalldaten in Australien zeigen, dass Gespräche mit einem Mobiltelefon während der Fahrt das Unfallrisiko um ein vierfaches erhöhen. Hierbei spielt es keine Rolle, ob das Mobiltelefon in der Hand gehalten oder eine Freisprecheinrichtung benutzt wird. Dennoch ist in der aktuellen Straßenverkehrsordnung für die Bundesrepublik Deutschland die Mobiltelefonbenutzung mit einer Freisprechanlage gestattet, die Forschungsergebnisse dazu scheinen in den Gesetzen derzeit keine Beachtung zu finden. Es ist also offensichtlich nicht die physische Ablenkung durch das Festhalten des Gerätes und die damit verbundene motorische Einschränkung, die dazu führt, dass die Fahrleistung beeinträchtigt wird, sondern vielmehr eine kognitive Überbelastung, die zu Aufmerksamkeitsdefiziten und Verarbeitungsengpässen führt (siehe auch Lamble, Kauranen, Lassko & Sumalla, 1999; McKnight & McKnight, 1993; Strayer & Johnston, 2001). Auch Nunes & Recarte (2002) konnten bestätigen, dass die Anforderung durch die kognitive Belastung ein besserer Prädiktor für die Verschlechterung der Fahrleistung ist als das Wissen, ob das Mobiltelefon gehalten wurde oder nicht.

Nichtsdestotrotz beeinflussen Handlungen, die mit Handling zu tun haben, wie beispielsweise das Wählen einer Telefonnummer, die Fahrleistung negativ (z.B. Briem & Hedman, 1995; Brookhuis, De Vries & De Waard, 1991). Eine einfache Telefonkonversation hingegen beeinflusst nach Briem & Hedman (1995) die Fahrleistung nicht. In zahlreichen anderen Studien hingegen konnte gezeigt werden, dass Arbeitsgedächtnisaufgaben (Alm & Nilsson, 1995), schlussfolgernde Aufgaben (Brown, Tickner & Sommonds, 1969), etwa ob ein Fahrzeug durch eine Lücke passt, und Kopfrechenaufgaben (McKnight & McKnight, 1993) zu einer Verschlechterung der Leistung in einer Fahrsimulation führen. Ebenso stellte sich in weiteren Studien heraus, dass eine sprachliche Aufgabe dazu führt, dass ein Fahrer stärker vom vorgegebenen Weg abkommt (Jannes, Lattanzio, O`Toole, Taylor & Pax, 2002), dass er ein eingeschränktes Sichtfeld hat mit dem Fokus in der Mitte der Sicht, so dass Reize, die im Randbereich liegen, schlechter erkannt werden (Recarte &

Nunes, 2000). Ebenso konnte nachgewiesen werden, dass sich die Reaktionszeit für das Bremsen verlängert (Irwin, Fritzgerald & Berg, 2000) und dass es zu einem Anstieg der subjektiv empfundenen mentalen Anstrengung kommt (Haigney, Taylor & Westerman, 2000).

In einem Telefongespräch sind in der Regel mehrere Komponenten bzw. Ebenen des Sprechens involviert. In einem Gespräch liegt ein häufiger Wechsel zwischen Zuhören (Sprachverstehen) und Sprechen (Sprachproduktion) in Verbindung mit Sprachplanung vor. Die Beziehung zwischen Beidem ist ein zentrales Thema, mit dem sich die Psycholinguistik beschäftigt (z.B. Bock, 1995). Grundlagenforschung hat ergeben, dass für die Sprachproduktion und das Sprachverständnis verschiedene Systeme verantwortlich sind und diese unterschiedlich anspruchsvoll sind (Martin, Lesch & Bartha, 1999). Demnach stellt sich die Frage, ob Verstehen oder Produktion belastender ist. Bei beiden Aufgaben kommt es in Verbindung mit einer sprachlichen Zusatzaufgabe zu Interferenzen (z.B. Holmes & Foster, 1970; Ford & Holmes, 1978). Grundlegend sind drei Überlegungen denkbar: Erstens, Verstehen und Produktion sind gleich belastend (Bock & Kroch, 1989). Davon ausgehend, dass die linguistischen Anforderungen für das Verstehen und die Produktion dieselben sind, dürfte keine der Aufgaben belastender sein. Zweitens, Produktion ist belastender als Verstehen, eine „production-plus [Sichtweise]" (Kubose, Bock, Dell, Garnsey, Kramer & Mayhugh, 2006, S. 45). Die Annahme, dass Produktion belastender ist, wird von Benedict (1979) gestützt. Der zusätzliche Aufwand durch die motorischen Ausführungen (Stimmbänder, Stimmlippen, Kehlkopf, Zunge, Lippen, etc.) führt zu einem größeren Aufwand gegenüber dem Verstehen (Garnsey & Dell, 1984; Levelt, 1983). Darüber hinaus spielt die zusätzliche Sprachplanung, die beim Verstehen nicht erforderlich ist, eine Rolle und führt zu einer weiteren Belastung. Drittens, eine „comprehension-plus [Sichtweise]" (Kubose et al., 2006, S.46). Das Verstehen von Sätzen erfordert einen besonders hohen kognitiven Aufwand, da Wörter unterschiedliche Bedeutungen haben und das Gehörte somit für ein korrektes Verständnis segmentiert und kontextuell integriert werden muss, was eine kognitive Anforderung an das Arbeitsgedächtnis stellt und Aufmerksamkeit erfordert (Cutler & Butterfield, 1992).

Der Frage, ob Sprachverstehen und Sprachproduktion sich in unterschiedlicher Weise auf die Fahrleistung auswirken und ob eines der beiden Aufgaben belastender ist, sind Kubose et al. (2006), sowie Bock, Dell, Garnsey, Kramer & Kubose (2007) und Strayer & Johnston (2001) nachgegangen. Auf den ersten Blick liefern die Untersuchungen von Kubose et al. (2006, 2007) eine Antwort auf diese Frage, die im Gegensatz zu dem steht, was die Untersuchung von Strayer & Johnston (2001) hervorgebracht hat.

Strayer & Johnston (2001) fanden heraus, dass Gespräche über ein Mobiltelefon während einer Tracking-Aufgabe die Wahrscheinlichkeit einen Lichtreiz zu verpassen erhöht und die Reaktionszeit auf einen Lichtreiz verlängert, wohingegen das Anhören von Radionachrichten bzw. eines Hörbuches derartige Defizite nicht verzeichnet. Reden scheint also im Vergleich zum Zuhören oder Verstehen belastender zu sein.

Die Ergebnisse von Kubose et al. (2006, 2007) hingegen zeigen, dass Sprachproduktion und –verstehen von geographischen Analysen über die Gebäudekonstellationen der Universität von Studenten in gleichem Ausmaß zu Defiziten in der Fahrleistung in einer Fahrsimulation führen.

Die unterschiedlichen Anforderungen der Sprachverständnisaufgaben in den vorliegenden Untersuchungen könnten eine Erklärung für die gegensätzlichen Ergebnisse sein: Bei Strayer & Johnston (2001) handelt es sich bei der Basis- und Zusatzaufgabe um Aufgaben, die unterschiedliche Ressourcen beanspruchen; auf der einen Seite steht die Trackingaufgabe, die räumliche Anforderungen an die VPN stellt und auf der anderen Seite die Sprachverständnisaufgabe, die die Aufnahme von nicht-räumlichen Fakten mit inhaltlichem Gehalt erfordert. Durch die unterschiedliche Beschaffenheit der beiden Aufgaben (auf der einen Seite die Beanspruchung des visuell-räumlichen Skizzenblocks und auf der anderen Seite die Beanspruchung der phonologischen Schleife bei der Analyse) besteht keine kognitive Überbelastung, so dass beide Aufgaben parallel ausgeführt werden können. Bei Kubose et al. (2006, 2007) hingegen verlangt sowohl die Sprachverständnisaufgabe als auch die Basisaufgabe räumliche Kompetenzen (in beiden Fällen geschieht die Analyse über den visuell-räumlichen Skizzenblock), demnach werden gleiche kognitive Ressourcen beansprucht und es kommt zu einer kapazitären Überlastung im Arbeitsgedächtnis, die sich in Leistungsdefiziten niederschlägt.

Die Ergebnisse, die die Literatur liefert, lassen keinen Zweifel an dem negativen Einfluss der Mobiltelefonbenutzung während des Autofahrens zu. Es handelt sich bei dieser Aufgabenkombination um eine klassische Doppelaufgabe. Das Autofahren ist hinsichtlich der Bedienung (Gas geben, Schalten, Lenken) als höchst geübt und automatisiert einzuschätzen. Die Aufmerksamkeitsbelastung hierbei ist als gering anzusehen. Nach dem Modell von Norman & Shallice (1986) wird hierfür primär das CS beansprucht. In dem Arbeitsgedächtnismodell von Baddeley & Hitch (1974) wird der zentralen Exekutive bei dieser Handlung eine geringe Aufmerksamkeitsbelastung zugeschrieben. In potenziell gefährlichen Situationen hingegen, in denen die automatisierte Handlung vorprogrammiert durch ein Schema nicht zielführend ist, wird nach dem Modell von Norman & Shallice (1986) das SAS aktiviert. Die Anforderungen an die zentrale Exekutive nach Baddeley & Hitch (1974) werden gefordert, um zielführend handeln zu können. In jenen Situationen also, die ein gewisses Unfallrisiko in sich tragen, in denen ständig neue Anforderungen an den Fahrer gestellt sind, ist hinsichtlich des Fahrens eine Beanspruchung der zentralen Exekutive bzw. des SAS anzunehmen. Während des Sprechens wird die phonologische Schleife beansprucht. Darüber hinaus für Aufgaben, bei denen ein ganzer Satz gesprochen oder korrigiert wird, auch die zentrale Exekutive. Hierbei sind eine kognitive Entscheidung oder das Abwägen von Alternativen erforderlich und dafür wird Aufmerksamkeit benötigt. Interferenz zwischen dem Fahren und Sprechen wird erwartet, wenn beide Aufgaben das Arbeitsgedächtnis bzw. die zentrale Exekutive beanspruchen. Nach Oberauer und Hockl (2003) kommt es besonders dann zu Interferenzen, wenn zwischen dem Sprechen und der parallel auszuführenden Aufgabe aus dem Gedächtnis Wissen abgerufen werden muss.

2.3.   Planung des Versuchs

In der vorliegenden Untersuchung soll zum einen überprüft werden, ob der Inhalt des Sprachmaterials (räumlich vs. nicht-räumlich) Einfluss auf die Leistung einer kontinuierlich räumlich orientierten sensumotorischen Aufgabe nimmt und zum anderen in welchem Maße sich dieser Einfluss in den Phasen Sprachverstehen, -planung und -produktion manifestiert.

In Anlehnung an die Mobiltelefonbenutzung während der Autofahrt liegt zunächst der Gedanke nah, als räumlich orientierte sensumotorische Aufgabe eine Fahrsimulation zu wählen. Die Situationen, die bei der Autofahrt besonders gefährlich und risikobehaftet sind, sind jene, bei denen ein hohes Maß an Aufmerksamkeit gefordert ist. Die Reaktion auf Lichtreize wie z.B. eine Ampelanlage oder das Bremslicht des vorherfahrenden Fahrzeugs, ein kreuzendes Fahrzeug, all dies sind Momente, in denen der Fahrer schnell reagieren muss, um eine Gefahr abzuwenden. Dieser Aufmerksamkeitsfokus ist in einer Fahrsimulation allerdings nicht kontinuierlich erforderlich. Beim Geradeausfahren werden an den Fahrer keine besonderen Anforderungen gestellt und das Risikopotenzial für einen Unfall ist relativ gering. Um zu untersuchen, inwieweit Gespräche die Fahrleistung stören, ist es aber erforderlich, eine Aufgabe zu stellen, bei der kontinuierlich Aufmerksamkeit gefordert wird und stetig neue Orientierung gefordert ist, denn genau diese Situationen sind es, die Gefahrenquellen in sich tragen.

Aus diesem Grund wird für diese Untersuchung eine Tracking-Aufgabe verwendet, bei der die Probanden ein sich bewegendes Ziel mit einer Maus verfolgen. Die Richtungswechsel des Ziels sind hinsichtlich der Bewegungsrichtung nicht antizipierbar und erfordern somit eine kontinuierliche Aufmerksamkeitszuwendung und eine neue Orientierung (kontinuierliche Beanspruchung der zentralen Exekutive bzw. des SAS), ebenso wie jene potenziellen Gefahrensituationen, in denen die Auswirkungen von Gesprächen gerade überprüft werden sollen.

2.4.   Planung des Versuchsablaufs

Die Probanden hören Sätze, die sie auf ihren Wahrheitsgehalt überprüfen sollen. Ist der gehörte Satz inhaltlich korrekt, soll er wiederholt werden, ist er falsch, soll er korrigiert wiedergegeben werden. Zusätzlich wird über die gesamte Versuchszeit eine Tracking-Aufgabe ausgeführt.

2.5. Hypothesen

Es ist nach den Annahmen des Doppelaufgaben-Paradigmas zu erwarten, dass die Doppelaufgabenbelastung sowohl beim Tracking als auch bei der Sprechaufgabe zu einer Verringerung der Leistung führt (H_1).

Des Weiteren ist davon auszugehen, dass der Inhalt der Sprechaufgabe einen Einfluss auf die Leistung in der Tracking-Aufgabe hat. Es wird wegen der inhaltlichen Ähnlichkeit erwartet, dass insbesondere die räumliche Sprechaufgabe die Trackingleistung verringert (H_2).

Es ist anzunehmen, dass die Doppelaufgabenphasen Sprachverstehen, Sprachplanung und Sprachproduktion unterschiedlich stark belastend sind und somit zu unterschiedlich großen Interferenzen mit dem Tracking führen werden. Insbesondere für die Sprachplanung und Sprachproduktion werden große Interferenzen erwartet (H_3).

3.   Methode

3.1.   Versuchspersonen

Der Personenkreis der Versuchspersonen erstreckt sich über die Studenten der Ruhr-Universität Bochum, mit einem durchschnittlichen Alter von M= 25,98 Jahren (SD = 6,77 Jahre) und mindestens Abitur als derzeitigem Bildungsstand. Insgesamt haben N=42 Personen an dem Experiment teilgenommen, 13 Männer und 29 Frauen, von denen 40 in die Auswertung eingehen. Die Daten einer Person konnten nicht ausgewertet werden, da der Sprechbeginn vor dem eingegrenzten Zeitintervall fürs Sprechen lag und somit keine eindeutige Zuordnung zur Sprechphase möglich war. Eine weitere Person musste aus der Auswertung ausgeschlossen werden, damit die Gruppen mit gleicher Personenanzahl besetzt sind, der Ausschluss dieser einen Person geschah per Zufall.

Die Rekrutierung erfolgte durch einen Aushang an der Fakultät für Psychologie, sowie durch persönlichen Kontakt der verantwortlichen Versuchsleiterin zu den Studenten. Die Versuchspersonen wurden für die Teilnahme an dem Experiment mit einer halben Versuchspersonenstunde entlohnt. Jeder Teilnehmer musste die Voraussetzungen erfüllen, fließend Deutsch zu sprechen und sich auf dem Campus der Universität auszukennen.

3.2.   Materialien

3.2.1.   Sprachmaterial

Für das Experiment wird Sprachmaterial mit räumlichem und nicht-räumlichem Inhalt benötigt. Ziel bei der Erstellung des Sprachmaterials ist eine möglichst analog gehaltene Struktur, um die Vergleichbarkeit zwischen den Gruppen (räumlich vs. nicht-räumlich) zu gewährleisten.

In der räumlichen Aufgabe wird von den Probanden verlangt, eine räumliche Analyse der geographischen Gegebenheiten an der Ruhr-Universität Bochum vorzunehmen. Dabei werden die vier Adverbien vorne, hinten, rechts und links für räumliche Relationen verwendet.

In der nicht-räumlichen Aufgabe wird von den Probanden eine inhaltliche Analyse verlangt, die nicht räumlich ist. Dazu werden die vier relationalen Adjektive billig, teuer, leicht und schwer eingesetzt.

Mit den Gegensatzpaaren vorne/hinten und billig/teuer fließen vier zweisilbige und mit rechts/links und leicht/schwer vier einsilbige Relationen in das Sprachmaterial ein. Die ausgewählten Relationsgegensatzpaare für die räumliche und nicht-räumliche Aufgabe eignen sich aufgrund ihrer strukturellen Ähnlichkeit gut dazu, sie parallel zu verwenden, da sie hinsichtlich des Produktionsaufwands gleiche Anforderungen an den Sprecher stellen.

3.2.1.1.   Räumliches Sprachmaterial

Für die räumliche Aufgabe sollen die Probanden einen Satz hören, in dem zwei Gebäude-Person-Relationen enthalten sind. Von einer festen Position aus (in der Mitte des Forumsplatzes, 360° drehbar) soll die Aussage dann auf ihre Richtigkeit geprüft werden, damit sicher gestellt werden kann, dass der Proband auch tatsächlich eine räumliche Analyse vornimmt. Dafür wurden acht Gebäude ausgewählt (HZO, Audimax, Mensa, UB, GA, MA, IA und NA), die sich auf dem Campus der Ruhr-Universität Bochum befinden und den Probanden bekannt sind (das wird vor dem eigentlichen Versuch in einem Vorversuch überprüft). Diese acht Gebäude bilden zusammen mit den vier räumlichen Relationen das Grundmaterial für die räumliche Sprechaufgabe.

Schließlich werden bei der Erstellung der Sätze zwei der vier möglichen räumlichen Relationen mit zwei der acht möglichen Gebäude kombiniert. Aus den vier Relationen lassen sich vier mal vier, also 16 Kombinationen erstellen.

I.	II.
1. vor - vor	4. hinter - vor
2. vor - hinter	1. hinter - hinter
3. vor - rechts	2. hinter - rechts
4. vor - links	3. hinter - links
III.	IV.
3. rechts - vor	2. links - vor
4. rechts - hinter	3. links - hinter
1. rechts - rechts	4. links - rechts
2. rechts - links	1. links - links

Abb. 3: Darstellung der räumlichen Relationskombinationen

Die 16 Kombinationen werden der Übersichtlichkeit halber in vier Blöcke eingeteilt, die jeweils eine der Relationen immer enthalten (siehe Abb. 3).

Diese sechzehn Relationskombinationen stellen die Grundlage für die sechzehn zu erstellenden Sätze für den Hauptversuch dar. In jedem Block soll jedes der acht Gebäude genau ein Mal auftauchen. Die Sätze werden so generiert, dass die Hälfte der Aussagen wahr und die andere Hälfte unwahr ist. Eine wahre Aussage muss vom Probanden wiederholt werden, eine unwahre Aussage muss hinsichtlich der Richtungsrelation korrigiert werden.

Zusätzlich soll ein weiterer Block für vier Probedurchgänge erstellt werden. Dafür werden acht Relationen benötigt. Es soll gewährleistet werden, dass alle vier Relationen genau zwei Mal verwendet werden. Die Zusammenstellung der Relationspaare geschieht dann nach dem Zufallsprinzip.

Auf diese Weise werden 20 Grundbausteine für die 20 Sätze generiert, in die jeweils zwei Gebäude eingefügt werden müssen.

Es sollen aus acht potenziellen Gebäuden immer zwei zusammen in einem Satz auftauchen, wobei jede Gebäudekombination nur ein Mal vorkommen darf, da die Anforderungen, die an den Probanden gestellt werden, nicht gleich wären, wenn eine bestimmte Konstellation bereits geübt wurde. Bei jedem Satz soll der Proband eine völlig neue Analyse vornehmen müssen. Es lassen sich $\binom{n}{k} = \binom{8}{2} = 28$ Kombinationen zusammenstellen (Liste über die Kombinationsmöglichkeiten siehe Angang).

Insgesamt werden für den Versuch 20 Sätze benötigt; aus den 28 möglichen Kombinationen werden 20 per Zufall ausgewählt.

Auf diese Art und Weise konnten 20 Sätze erstellt werden (4 Probe und 16 Hauptversuch), die folgende Struktur besitzen:

„Das Gebäude1 ist vorne/hinten/rechts/links und das Gebäude2 ist vorne/hinten/rechts/links.

„Das NA ist vorne und das MA ist hinten." (Beispiel für eine wahre Aussage)

„Die Mensa ist links und das HZO ist vorne." (Beispiel für eine unwahre Aussage)

Die Richtigkeitsüberprüfung der zuvor genannten Beispielsätze wäre folgende:

„In der Mitte des Forumsplatzes stehend drehen Sie sich so, dass sich das NA vor Ihnen befindet. Ist es richtig, dass das MA dann hinter Ihnen liegt?" (diese Aussage ist wahr). Der Proband müsste die Aussage so wie er sie gehört hat wiederholen.

„In der Mitte des Forumsplatzes stehend drehen Sie sich so, dass sich die Mesa links von Ihnen befindet. Ist es richtig, dass das HZO dann vor Ihnen liegt?" (diese Aussage ist unwahr). Der Proband müsste die Relation am Satzende korrigieren: „Die Mensa ist links und das HZO ist <u>hinten</u>."

Zusätzlich zum Sprachmaterial für den Hauptversuch wird noch das Material für das Training (Vorprüfung) benötigt, mit dem überprüft werden kann, ob die Probanden die geographischen Gegebenheiten an der Ruhr-Universität Bochum kennen, denn das ist die Voraussetzung für die erfolgreiche Teilnahme an dem räumlichen Experiment.

Die Überprüfung geschieht anhand von acht Sätzen, in denen der Proband zeigen muss, dass er sich auf dem Campus auskennt. In den acht Sätzen taucht jedes Gebäude zwei Mal auf und jede Richtungsrelation vier Mal. Die Sätze bestehen jeweils aus zwei Person-Gebäude-Relationen, die zwei Satzteile bilden. Jedes der acht Gebäude steht einmal im ersten Teil und einmal im zweiten Teil des Satzes, auch die Richtungsrelationen sind in den Satzteilen ausgeglichen verteilt. Die Zusammenstellung der Gebäude- und Richtungskonstellationen geschieht schließlich

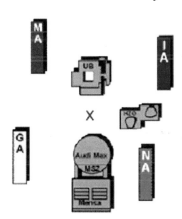

Abb. 4: Lageplan mit den für den Versuch relevanten Gebäuden auf dem Campus der Ruhr-Universität Bochum

nach dem Zufallsprinzip. Jede Richtungs- und Gebäudekonstellation wird nur ein Mal verwendet, damit bei jedem Trial eine neue räumliche Analyse vorgenommen werden muss.

Zu Beginn wird dem Probanden ein Plan gezeigt (siehe Abb. 4), auf dem die relevanten Gebäude und die Position des Probanden eingezeichnet sind. Der Plan soll als anfängliche Orientierungshilfe dienen und kann bei auftretenden Problemen während des Vorversuchs immer wieder angeschaut werden, so lange bis die Analyse ohne Plan fehlerfrei gemacht werden kann; während des Hauptversuchs muss die Analyse ohne Plan vorgenommen werden.

Die Aufgabe sieht wie folgt aus (2 Beispiele aus dem Training):

Das Audimax ist vorne, welches Gebäude ist links? _____ (HZO)

Die UB ist vorne, wo ist das Audimax? _____ (hinten)

3.2.1.2.   Nicht-räumliches Sprachmaterial

Für die nicht-räumliche Aufgabe hören die Probanden Sätze, in denen inhaltliche Relationen auf ihren Wahrheitsgehalt geprüft werden sollen. Die Sätze werden analog der Struktur der räumlichen Sätze generiert. Die vier räumlichen Relationen werden durch die vier nicht räumlichen Relationen ersetzt (vorne = billig, hinten = teuer, rechts =leicht, links = schwer). Inhaltlich macht es keinen Sinn, die acht Gebäude aus dem räumlichen Sprachmaterial zu übernehmen, so dass für die nicht-räumlich Aufgabe andere Gegenstände ausgewählt werden müssen. Für jede Relationskategorie werden fünf Wörter ausgesucht, die als angemessene Repräsentanten der jeweiligen Kategorie gesehen werden können (siehe Tab. 1). Für jede Kategorie werden zwei- und dreisilbige Wörter ausgesucht, die analog zu den Gebäuden aus der räumlichen Sprechaufgabe verwendet werden.

Tab. 1: Auswahl der Kategorien für die nicht-räumliche Sprechaufgabe mit den entsprechend zugeordneten Gegenständen

billig	teuer	leicht	schwer
Taschentuch	Diamant	Schmetterling	Reisebus
Bleistift	Traumhaus	Grashalm	Frachtschiff
Bonbon	Porsche	Faden	Baumstamm
Zahnstocher	Flugzeug	Streichholz	Anker
Brötchen	Laptop	Halstuch	Traktor

Um sicher zu stellen, dass die Probanden die Begriffe auch den entsprechenden Kategorien zuordnen, was für die erfolgreiche Absolvierung der nicht-räumlichen Sprechaufgabe unumgänglich ist, wird im Vorfeld die Zuordnung überprüft.

Für die Erstellung der endgültigen Sätze wird das Grundgerüst der räumlichen Sprechaufgabe zunächst für die nicht-räumliche Sprechaufgabe approximiert, indem die räumlichen Relationen durch die entsprechenden nicht-räumlichen Relationen ersetzt werden. Im Anschluss daran werden die Wörter der vier Kategorien entsprechend ihrer Silbenanzahl in die Sätze eingebaut, so dass die räumliche und nicht-räumliche Sprechaufgabe möglichst gleiche Sprechanforderungen erfordern. Aus dem räumlichen Satz „Das NA ist vorne und das MA ist hinten" wird der nicht-räumliche Satz „Ein Brötchen ist billig und ein Traumhaus ist teuer". Die entsprechenden Relationen werden ausgetauscht und die beiden zweisilbigen Gebäude weichen zwei zweisilbigen Wörtern der Kategorie. Der erste Teil des Satzes wird so konstruiert, dass er immer wahr ist und der zweite Teil wird so erstellt, dass er entsprechend des räumlichen Analogsatzes entweder wahr oder unwahr ist (dementsprechend wird ein Wort der richtigen oder der Gegensatzkategorie verwendet).

Insgesamt werden für die 20 Sätze 40 Kategoriewörter benötigt. Jede der Kategorien liefert hierfür zehn Worter. Aus jeder Kategorie wird jeweils ein Wort drei Mal verwendet, eins ein Mal und drei zwei Mal. Somit wird zwischen den quantitativen Einflüssen der Kategorien ein Gleichgewicht hergestellt.

Auf diese Art und Weise konnten 20 Sätze erstellt werden (4 Probe und 16 Hauptversuch), die folgende Struktur besitzen:

„Ein Gegenstand1 ist billig/teuer/leicht/schwer und ein Gegenstand2 ist billig/teuer/leicht/schwer."

„Ein Brötchen ist billig und ein Traumhaus ist teuer." (diese Aussage ist wahr). Der Proband müsste die Aussage so wie er sie gehört hat wiederholen.

„Ein Anker ist schwer und ein Diamant ist billig." (diese Aussage ist unwahr). Der Proband müsste die Relation am Satzende korrigieren: „Ein Anker ist schwer und ein Diamant ist teuer."

Zusätzlich zum eigentlichen Sprachmaterial wird für die Vorprüfung der Kategoriezugehörigkeit von jedem Begriff ein Bild präsentiert, das den Gegenstand bzw. Begriff typischerweise zeigt. Den Probanden werden die Bilder dann gezeigt und sie sollen entscheiden, ob beispielsweise ein Streichholz leicht oder schwer ist. Diese Vorgehensweise gewährleistet, dass die Probanden sich ein ganz gestimmtes Bild von den Begriffen machen und die Zuordnung somit eindeutig wird.

3.2.2. Tracking / Steuerfiles für das Tracking-Programm

Das Tracking ist neben der Sprechaufgabe die zweite Aufgabe, die die Probanden durchführen. Unter Tracking versteht man das Verfolgen eines sich auf dem Computerbildschirm bewegenden Ziels mit einem Mauscursor. Die Aufgabe besteht darin, das Ziel so gut wie möglich mit der Maus zu verfolgen. An den Probanden ist dabei über den gesamten Versuchszeitraum eine räumlich orientierte sensumotorische Anforderung mit kontinuierlicher Aufmerksamkeitsbelastung gestellt.

Das Tracking wird computerbasiert gesteuert und dargeboten. Dessen Programmierung erfolgte mit Hilfe der Experimentsoftware Neurobehavioral Systems. Das Programm ist so konzipiert, dass sich zu Beginn sowohl der Mauscursor als auch das Ziel in der Mitte des Bildschirms (also in 0/0) befinden. Dann wird per Zufall ein Punkt auf dem Bildschirm gelost und diesen steuert das Ziel dann so lange mit einer konstanten Geschwindigkeit von 1 Bildschirmpunkt pro 10 Millisekunden an, bis es dort angekommen ist. Die Dauer einer solchen Sequenz beträgt 800 Millisekunden (80 Bildpunkte mit einer Dauer von je 10 Millisekunden). Alle 800 Millisekunden wechselt das Ziel seine Richtung, ohne dass der Zielort für den Probanden antizipierbar ist. Das Programm verzeichnet schließlich alle 10 Millisekunden, an welchem Koordinatenpunkt sich der Cursor und das Ziel befinden und errechnet daraus die euklidische Distanz als Fehlermaß. Je näher der Cursor am Ziel ist, desto geringer ist die Distanz und damit der Fehler, den die Versuchsperson macht. Das Programm schreibt in Abständen von 10 Millisekunden alle aktuellen Informationen in ein Logfile.

Auf dem schwarzen Bildschirm befindet sich zentral in der Mitte ein 300x300 Bildpunkte großes, graues Quadrat (das entspricht einer Größe von 14,4 cm auf dem Bildschirm), welches der Schauplatz der Tracking-Aufgabe ist. Zu Beginn befinden sich das Ziel, ein 10x10 Bildpunkte großes, weißes Quadrat, und der Mauscursor, ein 5x5 Bildpunkte großes, rotes Quadrat, im Koordinatenursprung, in der Mitte des Bildschirms, der Darbietungsraum für das Tracking ist von einer 10 Bildpunkte breiten, roten Linie umrahmt.

Das Ziel steuert nun nacheinander alle 0,8 Sekunden einen neuen Koordinatenpunkt an und die Versuchsperson verfolgt das Ziel mit ihrer Maus (siehe Abb. 5). Während der ersten sechs Zielwechsel wird nur das Tracking allein (Einzelaufgabe Tracking) durchgeführt. Daran anschließend wird zusätzlich zum Tracking über acht Zielwechsel der Satz auditiv dargeboten und die Versuchsperson hat Zeit, die räumliche Analyse vorzunehmen und ihren Satz zu planen. In dieser Zeit ist der Darbietungsraum ebenfalls rot umrahmt. Dann wird der Rahmen grün und die Versuchsperson wird über einen Signalton aufgefordert, ihren Satz zu sagen. Dafür ist eine Zeit über zehn Zielwechsel vorgesehen, das Zeitfenster für die Sprechaufforderung wird durch den grünen Rahmen markiert (siehe Abb. 6). Die Abfolge Einzelaufgabe Tracking, Tracking und Hören/Planen, sowie Tracking und Sprechen bilden einen Trial. Die einzelnen Trials gehen nahtlos ineinander über, damit über die gesamte Versuchsdauer eine kontinuierliche räumlich orientierte Anforderung an die Versuchsperson gestellt ist.

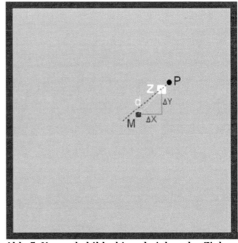

Abb. 5: Versuchsbildschirm, bei dem das Ziel aus dem Ursprung herausläuft und seinen Zielpunkt P ansteuert, die Maus verfolgt das Ziel. Der momentane Fehler wird als absoluter Abstand (d) der Maus vom Ziel definiert

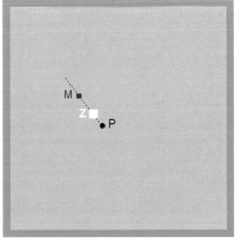

Abb. 6: Versuchsbildschirm aus der Sprechphase.

3.2.3.   Geräte/Apparaturen

3.2.3.1.   Hardware

Das Sprachmaterial wurde mit einem digitalen Recorder (Edirol by Roland 24-bit WAVE/MP3 Recorder R-09) und einem externen Mikrophon (Sony ECM-M5957) mit einer Sampling Rate von 44,1 kHz und einer Datenbreite von 16 Bit aufgenommen in einem geräuscharmen Raum aufgenommen. Danach wurde der Gleichspannungsanteil herausgefiltert und die Lautstärke der Aufnahme auf 90 % der maximalen Lautstärkeamplitude normalisiert, damit die einzelnen Sätze sich in der Lautstärke trotz gewisser Unterschiede beim Einsprechen auf ein einheitliches Niveau adjustieren lassen. Des Weiteren wurde in jedem Satz eine gewollte Sprechpause eingefügt, gefüllt mit Raumrauschen von 250 Millisekunden, die die beiden Teilsätze der Satzreihung trennt. Auf diese Weise konnten die einzelnen Sätze hinsichtlich ihres Klangs parallelisiert werden.

Für das Experiment werden zwei Computer verwendet, ein Expeminentalcomputer, auf dem das Versuchsprogramm dargeboten und die Trackingleistung aufgezeichnet werden (AMD Athlon XP 2800+ Prozessor Windows XP basiert), und ein zweiter Computer, der die Tonspur aufnimmt.

Für die visuelle Darbietung wird ein analoger 15 Zoll Monitor mit einer Bildschirmauflösung von 1024 x 768 und einer vertikalen Bildwiederholungsfrequenz von 100 Hz verwendet.

Für die Tracking-Aufgabe wird eine Copperhead Razer Laser-Maus mit einer Abtastrate von 1600 DPI und 100 Hz benutzt.

Die auditive Präsentation der Wortpaare erfolgt über ein Lautsprechersystem von Logitech.

3.2.3.2. Software

Das computergesteuerte Experiment wird mit der psychologischen Experimentiersoftware Neurobehavioral Systems dargeboten.

Mit dem Programm windaq wird die Mikrophonspur, nachdem sie mit einem selbst hergestellten Verstärker verstärkt wurde, auf dem zweiten Computer aufgezeichnet. Das Gesprochene wird mit einer Sampling Rate von 10 kHz digitalisiert. Für die Auswertung muss die Mikrophonspur extrahiert und ins wave-Format umgewandelt werden.

Mit Hilfe des Programms Wavesurfer wurden die Sprachdateien bearbeitet, für die Auswertung wird das Programm ebenfalls verwendet.

Zur statistischen Auswertung wurde das Statistikprogramm SPSS in der 17. Version verwendet. Die Daten wurden graphisch mit Excel 2007 aus der Microsoft Office Serie aufbereitet.

3.3. Versuchsdesign

Es liegt ein multifaktorielles Versuchsdesign vor (siehe Tab. 2), was nach Art der abhängigen Variablen unterschieden werden muss:

Hinsichtlich der Trackingaufgabe handelt es sich um ein 2 (Inhalt: räumlich vs. nicht-räumlich) x 4 (Phase: Tracking Einzelaufgabe vs. Hören/Planen1 mit Tracking vs. Hören/Planen2 mit Tracking vs. Sprechen mit Tracking) x 6 (Zykluszeit: 1 vs. 2 vs. 3 vs. 4 vs. 5 vs. 6) faktorielles Design mit unabhängigen Versuchsgruppen (Faktor Inhalt) und zwei Messwiederholungsfaktoren (Faktor Phase und Faktor Zykluszeit).

Bei der Sprechaufgabe liegt ein 2 (Doppelaufgabe: ja vs. nein) x 2 (Inhalt: räumlich vs. nicht-räumlich) faktorielles, unabhängiges Design vor.

Die Probanden wurden randomisiert einer der vier Versuchsgruppen zugeordnet (Gruppe 1: mit Doppelaufgabe, räumlich; Gruppe 2: mit Doppelaufgabe, nicht-räumlich; Gruppe 3: ohne Doppelaufgabe, räumlich; Gruppe 4: ohne Doppelaufgabe, nicht-räumlich).

Interindividuelle Unterschiede verteilen sich auf diese Weise mit gleicher Wahrscheinlichkeit auf die einzelnen Versuchsgruppen und liefern keine zusätzliche Varianz.

Doppelaufgabe	Inhalt	Gruppe	Phase
Ja	Räumlich	G1	Einzelaufgabe Tracking
			Hören/Planen 1 und 2 + Tracking
			Sprechen + Tracking
	nicht-räumlich	G2	Einzelaufgabe Tracking
			Hören/Planen 1 und 2 + Tracking
			Sprechen + Tracking
Nein	Räumlich	G3	-----------
			Hören/Planen 1 und 2
			Sprechen
	nicht-räumlich	G4	-----------
			Hören/Planen 1 und 2
			Sprechen

3.3.1. Abhängige Variablen

3.3.1.1. Tracking-Aufgabe

Fehlermaß:

Die euklidische Distanz zwischen dem Mauscursor und dem Ziel wird für die Tracking-Aufgabe als Fehlermaß operationalisiert. Der momentane Fehler lässt sich aus der Quadratwurzel der Summe der Differenzenquadrate der Maus- und Zielkoordinaten bestimmen $(d = \sqrt{(x_z - x_m)^2 + (y_z - y_m)^2} = \sqrt{\Delta x^2 + \Delta y^2})$.

Mausbewegung:

Die Mausbewegung wird als weitere abhängige Variable für die Trackingleistung verwendet. Sie wird definiert als zeitlicher Verlauf der Differenz der aufeinander folgenden Mauskoordinaten. Damit ist die Mausbewegung als Mausbewegungsgeschwindigkeit anzusehen.

3.3.1.2. Sprechaufgabe

Anzahl der Fehler:

Als Fehlermaß bei der Sprechaufgabe wird die durchschnittliche Summe der inhaltlich nicht korrekten Sätze (entweder falsch wiederholte oder nicht bzw. falsch korrigierte Sätze) über die 16 experimentellen Durchgänge festgelegt.

Latenzzeit:

Die Latenzzeit ist jene Zeitdauer, die zwischen dem Ertönen des Signaltons und dem Sprechbeginn vergeht.

Sprechgeschwindigkeit:

Die Sprechgeschwindigkeit in Silben pro Sekunde wird als weitere abhängige Variable erhoben. Jede tatsächlich gesprochene und intendierte Silbe wird hierfür gezählt. Die Sprechgeschwindigkeit berechnet sich schließlich aus dem Quotienten der Anzahl der Silben und der Sprechdauer. Die Sprechdauer ist als die Zeit zwischen dem Sprechbeginn und dem Sprechende definiert.

Anzahl von Pausen:

Die Anzahl von Pausen wird ebenfalls als abhängige Variable erhoben. Hierunter fallen gefüllte und ungefüllte Pausen mit einer Dauer von mindestens 240 Millisekunden.

3.3.2. Unabhängige Variablen

Die unabhängigen Variablen entsprechen den Faktoren des Versuchsdesigns.

3.3.2.1. Tracking-Aufgabe

Inhalt:

Als erste unabhängige Variable wird der Faktor Inhalt mit zwei Ausprägungen (räumlich vs. nicht-räumlich) festgelegt. Dieser ermöglicht eine Unterscheidung in Abhängigkeit von inhaltlichen Anforderungen.

Phase:

Der Faktor Phase ist eine weitere unabhängige Variable. Die vier Ausprägungen (Tracking Einzelaufgabe vs. Hören/Planen1 mit Tracking vs. Hören/Planen2 mit Tracking vs. Sprechen mit Tracking) differenzieren zwischen den unterschiedlichen Anforderungen an den Probanden innerhalb eines Trials.

Zykluszeit:

Auch die Zykluszeit wird als unabhängige Variable definiert. Hierbei handelt es sich um einen sechsstufigen Faktor, der eine Differenzierung über den zeitlichen Verlauf innerhalb eines Trials ermöglicht.

3.3.2.2. Sprechaufgabe

Doppelaufgabe:

Zum einen wird der Faktor Doppelaufgabe (mit vs. ohne) als unabhängige Variable festgelegt. Dieser ermöglicht die Untersuchung eines möglichen Effekts der Mehrbelastung durch eine Zusatzaufgabe (Tracking).

Inhalt:

Zum anderen wird als unabhängige Variable der Faktor Inhalt definiert (räumlich vs. nicht-räumlich). Damit lässt sich überprüfen, ob sich Unterschiede in Abhängigkeit von inhaltlichen Anforderungen zeigen.

3.4. Versuchsaufbau

In der nebenstehenden Abbildung 7 ist der Versuchsaufbau dargestellt. Auf der linken Seite der Versuchsanordnung befindet sich der Experimentalcomputer, auf dem das Experiment dargeboten wird. Dies ist der Platz der Versuchsperson. Links und rechts neben dem Monitor befinden sich die Lautsprecher für die auditive Darbietung der Wortpaare. Die Maus,

Abb. 7: Darstellung des Versuchsaufbaus

die für das Tracking verwendet wird, kann je nach Händigkeit der Versuchsperson rechts oder links positioniert werden. Das Mikrophon wird für jeden Probanden individuell justiert.

Auf der rechten Seite der Versuchsanordnung ist der Aufzeichnungscomputer zu sehen, dort ist der Platz des Versuchsleiters.

3.5.　　　Versuchsablauf

Zunächst werden die Probanden darüber aufgeklärt, dass es sich bei der Untersuchung um ein Forschungsexperiment handelt, bei dem sämtliche Daten anonym und streng vertraulich behandelt werden und dass sie zu jedem Zeitpunkt das Experiment auf eigenen Wunsch abbrechen können. Ihr Einverständnis bekunden sie mit ihrer Unterschrift auf einem Aufklärungsbogen (siehe Anhang).

Daran anschließend beginnt das Training (Vorprüfung).

In der räumlichen Versuchsbedingung (Gruppe 1 und 3) stellen die Probanden unter Beweis, dass sie sich auf dem Campus an der Ruhr-Universität auskennen und die geographischen Gegebenheiten der ausgewählten Gebäude richtig zuordnen können (die Aufgaben befinden sich im Anhang). Ihnen wird der Lageplan der Uni mit den für den Versuch relevanten Gebäuden gezeigt und die Position der Probanden auf dem Forumsplatz. Dann wird ihnen ihre Platzierung durch eine Person-Gebäude-Konstellation vorgegeben und die Probanden sollen entweder das Gebäude benennen, das in einer bestimmten Richtung liegt oder die Richtung benennen, in der ein bestimmtes Gebäude liegt, wenn sie die vorgegebene Position eingenommen haben. Während des Vorversuchs werden acht solcher Analysen vorgenommen. Tauchen im Vorversuch Schwierigkeiten mit der Zuordnung auf, wird so lange geübt und der Plan immer wieder zur Unterstützung hinzugezogen, bis eine fehlerfreie Analyse ohne Plan funktioniert.

In der nicht-räumlichen Versuchsbedingung (Gruppe 2 und 4) werden den Probanden Bilder der Gegenstände gezeigt, die im Hauptversuch verwendet werden, und ihre Aufgabe besteht darin, ein Urteil über die Kategoriezugehörigkeit abzugeben (ist das Objekt leicht oder schwer bzw. billig oder teuer?). Auf diese Weise wird bei allen Probanden das gleiche Bild von dem Objekt erzeugt und gewährleistet, dass die Zuordnung zu den Kategorien fehlerfrei gelingt.

Im Anschluss daran werden die Probanden für die experimentellen Durchgänge über Instruktionsbildschirme im Experimentalprogramm und mündlich durch die Versuchsleiterin instruiert. Dann folgen die experimentellen Durchgänge.

Der Versuchsablauf wird zunächst für die Doppelaufgabenbedingung dargestellt (Gruppe 1 und 2):

Der Versuch beginnt mit der Einzelaufgabe Tracking. Diese Phase dauert 4,8 Sekunden. An die Einzelaufgabe schließt die Doppelaufgabe an, in der zusätzlich zum Tracking zunächst der Satz gehört wird, der auf seinen Wahrheitsgehalt geprüft werden soll. Nachdem die Darbietung des Satzes beendet ist, verbleibt eine kurze Zeit für die Planung des zu sprechenden Satzes. Diese Phase dauert 6,4 Sekunden. Im Anschluss daran ertönt ein Signalton, der den Probanden auffordert, den korrekten Satz zu sprechen. Diese Phase dauert 8 Sekunden. Die Abfolge dieser drei Phasen bildet einen Trial mit einer Dauer von 19,8 Sekunden. Der Versuch besteht aus 20 Trials, die nahtlos ineinander übergehen. Insgesamt dauert der reine Versuch 6 Minuten und 40 Sekunden.

Die ersten vier Trials sind Probedurchgänge, die nicht ausgewertet werden, in denen der Proband die Aufgabe üben soll und sich auf die Anforderungen einstellen kann. Abb. 8 zeigt eine schematische Darstellung des Versuchsablaufs.

In der Einzelaufgabenbedingung (Gruppe 3 und 4) werden die gleichen Sprachstimuli dargeboten wie in der Doppelaufgabe, in derselben Reihenfolge und mit denselben zeitlichen Intervallen. Der Ablauf für die Sprechaufgabe ist identisch zu dem unter Doppelaufgabenbedingung, um die Vergleichbarkeit zu gewährleisten. Der einzige Unterschied zwischen Einzel- und Doppelaufgabe besteht darin, dass der Proband unter Einzelaufgabenbedingung die Tracking-Aufgabe nicht macht.

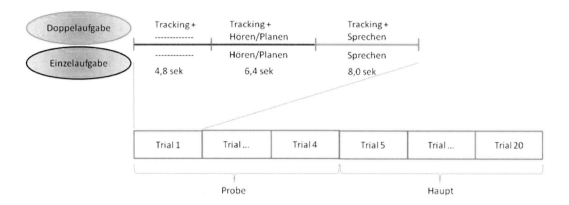

Abb. 8: Schematische Darstellung des Versuchsablaufs. Der Versuch lässt sich in 4 Probetrials und 16 Trials für die experimentellen Durchgänge einteilen. Der Ablauf eines Trials unter Einzel- und Doppelaufgabenbedingung wird hier dargestellt.

3.6.   Statistische Auswertung

Die erhobenen Daten wurden varianzanalytisch ausgewertet, die abhängigen Variablen erfüllen die Voraussetzung für eine Varianzanalyse (ANOVA), da sie Intervallcharakter besitzen und normal verteilt sind (Mittelwerte sind immer normal verteilt – Ungleichung nach Tschebycheff). Eine ANOVA setzt voraus, dass die Messwertreihen unabhängig sind, dies wird jedoch bei Messwiederholung nicht gewährleistet. Dennoch kann bei Faktoren, die nicht mehr als einen Freiheitsgrad haben, die Sphärizität angenommen werden (Bortz, 2005; Stevens, 2002). Die Faktoren der abhängigen Variablen Fehler und Mausbewegung für das Tracking sind mehrstufig und haben demnach mehr als einen Freiheitsgrad. Dies verstößt gegen die Voraussetzung der Zirkularitätsannahme und deshalb müssen die Freiheitsgrade nach Huyn-Feldt korrigiert werden (Bortz, 2005). Bei Verstoß gegen die Zirkularitätsannahme werden im Folgenden die unkorrigierten Freiheitsgrade zitiert, jedoch die nach Huyn-Feld entsprechend der korrigierten Freiheitsgrade berechneten p-Werte angegeben.

Für paarweise Vergleiche wird der p-Wert für die einseitige Signifikanz verwendet. Bei Verstoß gegen die Voraussetzung der Varianzhomogenität (Prüfung mit Levene-Test) beim T-Test wird für den Test der p-Wert angegeben, der den korrigierten Freiheitsgraden zugrunde liegt, es werden aber die unkorrigierten Freiheitsgrade zitiert.

Insgesamt sind die Voraussetzungen für eine Varianzanalyse erfüllt.

Für die Auswertung wird ein Signifikanzniveau von fünf Prozent ($\alpha = 0,05$) festgelegt.

3.6.1. Sprechaufgabe

Die abhängigen Variablen der Sprechaufgabe wurden varianzanalytisch ausgewertet (univariate zweifaktorielle ANOVA ohne Messwiederholung mit den beiden Faktoren Inhalt und Zusatzaufgabe). Für die Analyse der Fehleranzahl wurde als abhängige Variable die durchschnittliche Summe der Fehlerzahl über alle 16 experimentelle Durchgänge verwendet. Für die Latenzzeit, Sprechgeschwindigkeit und Pausenanzahl wurden nur die richtigen Antworten für die Auswertung selegiert. Die Mittelwerte der Latenzzeit und Sprechgeschwindigkeit wurden analysiert, sowie die durchschnittliche Summe der Pause über die 16 experimentellen Durchgänge. Für die Einzelkontraste wurden paarweise Vergleiche in Form von T-Tests berechnet.

3.6.2. Tracking-Aufgabe

Die abhängigen Variablen der Tracking-Aufgabe wurden ebenfalls varianzanalytisch ausgewertet (univariate multifaktorielle ANOVA mit Messwiederholung mit den Faktoren Inhalt, Phase und Zykluszeit). Zunächst wurden die 16 experimentellen Versuchsdurchgänge nach der Probe selegiert. Im Anschluss daran wurden auch nur jene Trials ausgewählt, in denen kein Fehler bei der Sprechaufgabe gemacht wurde. Sowohl vom Fehlermaß als auch von der Mausbewegungsgeschwindigkeit wurden die Mittelwerte über alle 16 experimentellen Durchgänge zur Analyse verwendet. Für die Auswertung wurden von den 24 Sequenzen pro Trial 16 ausgewählt, die sich hinsichtlich der Anforderungen zeitlich spezifizieren lassen. Für jede Versuchsphase wurden vier Sequenzen ausgewählt und über diese wurde gemittelt. In der Einzelaufgabe Tracking wurden die letzten vier Sequenzen (Sequenz 3 bis 6) verwendet, weil davon auszugehen ist, dass sich das Trackingverhalten im Übergang von der Sprechphase zur Einzelaufgabenphase zunächst wieder einpendeln muss. Deshalb wurden lediglich die letzten vier Sequenzen dieser Phase in die Auswertung einbezogen. Die Phase Hören/Planen mit ihren acht Sequenzen wurde in die zwei Phasen Hören/Planen1 (Sequenz 7 bis 10) und Hören/Planen2 (Sequenz 11 bis 14) aufgeteilt, wobei Hören/Planen1 der Phase Hören/Planen2 zeitlich voraus geht. Während der Phase Hören/Planen1 wird der Satz dargeboten, dementsprechend ist zu erwarten, dass vorwiegend gehört wird in dieser Zeit. Es ist jedoch nicht auszuschließen, dass auch die Planung in diesem Zeitfenster bereits beginnt. In der Phase Hören/Planen2 ist die Satzdarbietung abgeschlossen und die Planung des zu sprechenden Satzes steht im Fokus. Es ist davon auszugehen, dass in der Phase Hören/Planen2 der Planungsanteil größer ist als in der Phase Hören/Planen1. Die Auswahl der Sequenzen, in denen sicher gesprochen wird, orientiert sich an den mittleren Latenzzeiten. So wurden die Sequenzen 16 bis 19 für die Auswertung ausgewählt. Auf diese Weise konnte Datenmaterial in einem Umfang von 80 Messwerten pro Phase pro Versuchsperson generiert werden. Diese sind gemittelt über die Versuchspersonen die Grundlage für die deskriptiven Diagramme, die die zeitlichen Verläufe der Fehler und der Mausbewegung zeigen. In die letztendliche Berechnung konnten von den ursprünglich 80 Messwerten, die das Programm ausgibt, nur die mittleren 78 verwendet werden. Bei der auditiven Darbietung des Satzes kommt es trotz aller Vorsichtsmaßnahmen, die die Betreiber der Experimentalsoftware vorschlagen, zu einer Überlastung des Systems, so dass es an dieser Stelle zu einem Messfehler kommt. Das System ist nicht in der Lage, gleichzeitig das Tonsignal auszugeben und die Koordinaten der Maus exakt festzustellen. Aus diesem Grunde wurden die Messwerte der Sequenzübergänge (Messpunkt 1 und 80 in jeder Sequenz) herausgefiltert, so dass 78 Messwerte für die Analyse übrig bleiben. Zur varianzanalytischen Auswertung wurden schließlich die 78 Messwerte eines Zyklus in sechs Zykluszeitpunkte zusammengefasst, die jeweils über 13 Messwerte gemittelt wurden. Auf diese Weise besteht die Möglichkeit, mit einer hinreichenden Genauigkeit ohne Redundanz die Verlaufsinformation des Fehlermaßes und der Mausbewegung zu erfassen. Dieses Datenmaterial wurde schließlich in einer multifaktoriellen ANOVA mit den Messwiederholungsfaktoren Phase und Zykluszeit und dem Zwischensubjektfaktor Inhalt ausgewertet. Darüber hinaus wurden die Innersubjektkontraste auf einen Verlaufstrend hin getestet und paarweise Vergleiche in Form von T-Tests, in denen die Versuchsphasen gegen die Zykluszeit getestet wurden.

4. Ergebnisse

4.1. Sprachauswertung

4.1.1. Anzahl der Fehler

Einer deskriptiven Analyse (siehe Tab. 3) der Fehleranzahl bei der Sprechaufgabe ist zu entnehmen, dass bei der räumlichen Sprechaufgabe mit M=2,65 (SD=2,48) mehr als vier Mal so viele Fehler gemacht werden als bei der nicht-räumlichen (M=0,60; SD=0,75). Mit durchschnittlich M=3,70 (SD=2,87) werden wie erwartet am meisten Fehler bei der räumlichen Sprechaufgabe mit zusätzlichem Tracking gemacht (siehe Abb. 9 oben).

Ohne Tracking liegt die Fehlerrate mit M=1,60 (SD=1,51) bei weniger als der Hälfte.

Die Fehlerrate liegt bei der nicht-räumlichen Sprechaufgabe ohne Tracking im Mittel bei M=0,80 (SD=0,79) Fehlern. Wider Erwarten wurden in der nicht-räumlichen Bedingung mit Tracking die wenigsten Fehler gemacht (M=0,40; SD=0,69), das heißt die Fehlerrate

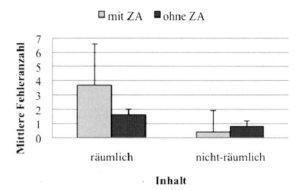

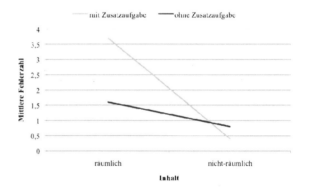

Abb. 9: Mittlere Fehleranzahl über alle 16 experimentellen Durchgänge für die räumliche und nicht-räumliche Sprechaufgabe mit und ohne Zusatzaufgabe

konnte in der Bedingung mit der zusätzlichen Tracking-Aufgabe um die Hälfte reduziert werden.

In einer univariaten zweifaktoriellen ANOVA ergibt sich beim Test der Zwischensubjekteffekte eine hoch signifikante Hauptwirkung für den Faktor Inhalt auf die Fehleranzahl in der Sprechaufgabe ($F_{(1,36)}$=14,478; p=.001***).

Hinsichtlich des Faktors Zusatzaufgabe ergibt die Analyse keine Hauptwirkung auf die Fehleranzahl ($F_{(1,36)}$=2,489; p=.123). Demnach ist die Fehleranzahl unabhängig davon, ob zusätzlich zur Sprechaufgabe die Tracking-Aufgabe ausgeführt wird oder nicht.

Tab. 3: Mittelwerte und Standardabweichungen der abhängigen Variablen für die räumliche und nicht räumliche Sprechaufgabe mit und ohne Zusatzaufgabe, sowie die Gesamtmittelwerte und Standardabweichungen

Maße	räumlich (N=20)		nicht-räumlich (N=20)		total (N=40)	
	M	SD	M	SD	M	SD
mit Zusatzaufgabe (N=10)						
Fehler	3,70	2,87	0,40	0,69	2,05	2,65
Latenzzeit	1033,07	242,59	814,99	175,14	924,03	234,35
Sprechgeschwindigkeit	3,95	0,78	4,67	0,47	4,31	0,73
Pausenanzahl	6,33	4,06	1,50	0,84	4,40	3,96
ohne Zusatzaufgabe (N=10)						
Fehler	1,60	1,51	0,80	0,79	1,20	1,24
Latenzzeit	885,02	110,97	818,08	121,67	851,55	118,43
Sprechgeschwindigkeit	4,58	0,43	4,46	0,66	4,52	0,55
Pausenanzahl	2,57	2,94	2,17	1,17	2,38	2,22
total (N=20)						
Fehler	2,65	2,48	0,60	0,75	1,63	2,08
Latenzzeit	959,04	198,69	816,53	146,78	887,79	186,91
Sprechgeschwindigkeit	4,26	0,69	4,57	0,57	4,41	0,64
Pausenanzahl	4,69	4,00	1,83	1,03	3,46	3,37

Es liegt eine signifikante dysordinale Interaktion (siehe Abb. 9 unten) zwischen den Faktoren Zusatzaufgabe und Inhalt vor ($F_{(1,36)}$=5,383; p=.026*). Die zusätzlich auszuführende Tracking-Aufgabe wirkt sich in unterschiedlicher Weise auf die Fehleranzahl je nach Inhalt der Sprechaufgabe aus. Bei der räumlichen Sprechaufgabe führt das Tracking zu einem Fehleranstieg, bei der nicht-räumlichen hingegen zu einer Fehlerabnahme.

Paarweise Vergleiche lassen erkennen, dass bei der räumlichen Sprechaufgabe unter Zusatzaufgabenbedingung signifikant mehr Fehler gemacht werden ($t_{(18)}$=2,049; p=.025*), wohingegen dies bei der nicht-räumlichen Aufgabe nicht der Fall ist ($t_{(18)}$=-1,2; p=.123).

Weitere paarweise Vergleiche zeigen, dass unter Zusatzaufgabenbedingung abhängig vom Inhalt der Sprechaufgabe ein Unterschied in der Fehleranzahl besteht ($t_{(18)}$=3,533; p=.0025**). Dieser Unterschied zeigt sich in der Einzelaufgabenbedingung nicht ($t_{(18)}$=1,488; p=.077).

4.1.2. Latenzzeit

Die deskriptive Analyse (siehe Tab. 3) zeigt, dass die Latenzzeit bei der räumlichen Sprechaufgabe (M=959,04; SD=189,68) länger ist als bei der nicht-räumlichen (M=816,53; SD=146,78).

Die längste Latenzzeit liegt mit M=1033,027 Millisekunden (SD= 242,59) bei der räumlichen Sprechaufgabe in Verbindung mit der Zusatzsaufgabe vor (siehe Abb. 10). Ohne Tracking ist die Latenzzeit in der räumlichen Bedingung mit M=885,02 (SD= 110,97) um rund 150 Millisekunden kürzer.

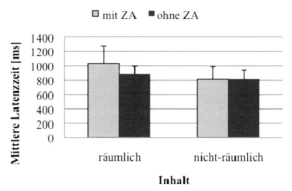

Abb. 10: Mittlere Latenzzeit in Millisekunden für die räumliche und nicht-räumliche Sprechaufgabe mit und ohne Zusatzaufgabe

Bei der nicht-räumlichen Sprechaufgabe hingegen unterscheiden sich die Latenzzeiten mit (M=814,99; SD=157,14) und ohne (M=818,06; SD=121,67) Tracking kaum.

Eine univariate zweifaktorielle ANOVA zeigt beim Test der Zwischensubjekteffekte, dass ein signifikanter Haupteffekt des Faktors Inhalt vorliegt ($F_{(1,36)}$=6,965; p=.012*). Für den Faktor Zusatzaufgabe ergibt sich keine Hauptwirkung ($F_{(1,36)}$=1,802; p= .188). Die Latenzzeit ist demzufolge unabhängig davon, ob gleichzeitig die Tracking-Aufgabe gemacht wird oder nicht.

Die Analyse ergibt keine signifikante Interaktion zwischen den Faktoren Inhalt und Zusatzaufgabe ($F_{(1,36)}$=1,958; p=.170).

Paarweise Vergleiche zeigen sowohl für die räumliche ($t_{(18)}$=1,755; p=.054), als auch für die nicht-räumliche Sprechaufgabe ($t_{(18)}$=-0,046; p=.964) keine Unterschiede hinsichtlich der Latenzzeiten in den Versuchsbedingungen mit oder ohne Zusatzaufgabe, wobei der Vergleich in der räumlichen Bedingung mit p=0,054 tendenziell signifikant wird und andeutet, dass die Zusatzaufgabe dort zu längeren Latenzzeiten führt.

In weiteren paarweisen Vergleichen stellt sich heraus, dass unter Zusatzaufgaben-bedingung ein Unterschied in der Latenzzeit in Abhängigkeit vom Inhalt der Sprech-aufgabe besteht ($t_{(18)}$=2,305, p=.017*), welcher sich in der Einzelaufgabe nicht niederschlägt ($t_{(18)}$=1,286, p=.108).

4.1.3.   Sprechgeschwindigkeit

In der deskriptiven Analyse (siehe Tab. 3) zeigt sich, dass die mittlere Sprechge-schwindigkeit in der nicht-räumlichen Bedingung unabhängig von der Zusatzaufgabe mit durchschnittlich M=4,57 Silben pro Sekunde (SD=0,57) größer ist als jene in der räumlichen Bedingung (M=4,26; SD=0,69).

Am langsamsten wird bei der räumlichen Sprechaufgabe mit Tracking gesprochen (M=3,95; SD=0,78). Am schnellsten wird allerdings nicht in der nicht-räumlichen Bedingung ohne (M=4,46; SD=0,66), sondern mit Tracking (M=4,66; SD=0,47) gesprochen (siehe Abb. 11 oben).

In einer ANOVA zeigt sich beim Test der Zwischensubjekteffekte hinsichtlich der Sprechgeschwindigkeit weder beim Faktor Zusatzaufgabe ($F_{(1,36)}$= 1,219; p=.277) noch beim Faktor Inhalt ($F_{(1,36)}$=2,487; p=.124) eine signifikante Hauptwirkung.

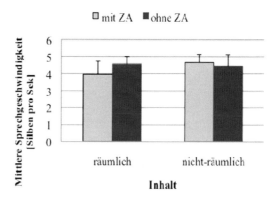

Die dysordinale Interaktion zwischen den Faktoren Inhalt und Zusatzaufgabe (siehe Abb. 11 unten) hingegen wird signifikant ($F_{(1,36)}$=4,672; p=.037*). Der Inhalt der Sprechaufgabe wirkt sich also nicht auf die Sprechgeschwindigkeit aus und auch das zusätzliche

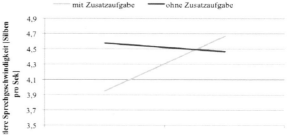

Abb. 11: Mittlere Sprechgeschwindigkeit in Silben pro Sekunde für die räumliche und nicht-räumliche Sprechaufgabe mit und ohne Zusatzaufgabe

Ausüben der Tracking-Aufgabe beeinflusst die Sprechgeschwindigkeit nicht. Das zusätzliche Tracking wirkt sich allerdings auf die inhaltlich verschiedenen Sprechaufgaben in unterschiedlichem Maße aus. Bei der räumlichen Sprechaufgabe führt das Tracking zu einer Verlangsamung der Sprechgeschwindigkeit und bei der nicht-räumlichen Sprechaufgabe zu einer Erhöhung derselben.

Paarweise Vergleiche zeigen, dass bei der räumlichen Sprechaufgabe das zusätzliche Ausführen der Tracking-Aufgabe zu einer Verlangsamung der Sprechgeschwindigkeit führt ($t_{(18)}$=-2,213; p=.02*), wohingegen ein solcher Einfluss der Zusatzaufgabe bei der nicht-räumlichen Sprechaufgabe nicht vorliegt ($t_{(18)}$=0,783; p=.222).

Weitere paarweise Vergleiche lassen erkennen, dass unter Zusatzaufgabenbedingung abhängig vom Inhalt der Sprechaufgabe ein Unterschied in der Sprechgeschwindigkeit vorliegt ($t_{(18)}$=-2,47; p=.012*). Dieser Unterschied zeigt sich in der Einzelaufgabenbedingung nicht ($t_{(18)}$=0,447; p=.33).

4.1.4.   Pausenanzahl

Die deskriptive Analyse (siehe Tab. 3) erweist, dass bei der räumlichen Sprechaufgabe die mittlere Summe der Pausenanzahl über alle Trials (M=4,69; SD=3,99)

größer ist als bei der nicht-
räumlichen Sprechaufgabe (M=
1,83; SD=1,03). Mit M=6,33 (SD=
4,06) werden bei der räumlichen
Sprechaufgabe mit Tracking die
meisten Pausen gemacht (siehe
Abb. 12). Ohne Tracking verringert
sich die Pausenanzahl auf M=2,57
(SD=2,93). Bei der nicht-räumlichen
Sprechaufgabe verhält es sich
umgekehrt. Mit Tracking werden mit

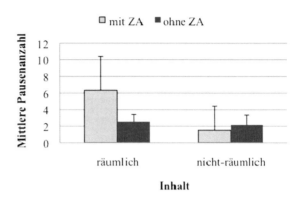

Abb. 12: Mittlere Pausenanzahl über alle 16 experimentellen
Durchgänge für die räumliche und nicht-räumliche
Sprechaufgabe mit und ohne Zusatzaufgabe

M=1,50 (SD=0,84) wider Erwarten weniger Pausen gemacht als ohne Tracking
(M=2,17; SD=1,17).

In einer ANOVA bestätigt sich beim Test der Zwischensubjekteffekte ein signifikanter
Haupteffekt des Faktors Inhalt auf die Pausenanzahl ($F_{(1,24)}$=5,778; p=.024*). Die
Anzahl der Pausen ist bei der räumlichen Sprechaufgabe größer als bei der nicht-
räumlichen.

Es lässt sich keine Hauptwirkung des Faktors Zusatzaufgabe hinsichtlich der Pausenanzahl feststellen ($F_{(1,24)}$=2,018; p=.168). Somit ist die Pausenanzahl unabhängig
davon, ob zusätzlich zum Sprechen die Tracking-Aufgabe ausgeführt wird oder nicht.

Die Interaktion der Faktoren Inhalt und Zusatzaufgabe wird tendenziell signifikant
($F_{(1,24)}$=4,13; p=.053). Offensichtlich beeinflusst das Tracking die Pausenanzahl bei
der räumlichen und nicht-räumlichen Sprechaufgabe in unterschiedlicher Weise.
Auch wenn die Interaktion nur auf dem 5,3 %-Niveau signifikant wird, ist anzumer-
ken, dass das Tracking bei der räumlichen Sprechaufgabe dazu führt, dass mehr
Pausen gemacht werden, während die Anzahl der Pausen bei der nicht-räumlichen
Sprechaufgabe geringer ist.

Paarweise Vergleiche lassen gegenüber der alleinigen Ausführung der Sprechaufgabe ($t_{(14)}$=2,061; p=.029*) für die räumliche Sprechaufgabe eine signifikant größere

Anzahl an Pausen erkennen, wenn gleichzeitig die Tracking-Aufgabe gemacht wird. Für die nicht-räumliche Sprechaufgabe liegt ein solcher Einfluss der Zusatzaufgabe nicht vor ($t_{(10)}$=-0,046; p=.482).

Weitere paarweise Vergleiche zeigen, dass unter Zusatzaufgabenbedingung abhängig vom Inhalt der Sprechaufgabe ein Unterschied in der Pausenanzahl festzustellen ist ($t_{(13)}$=3,416; p=.004**), welcher unter Einzelaufgabenbedingung nicht besteht ($t_{(11)}$=0,315; p=.379).

4.2.   Tracking

4.2.1.   Fehler

Die Abbildungen 13 und 14 zeigen graphisch den zeitlichen Verlauf des mittleren Fehlers für eine Sequenz - also ein Zielwechsel - für die vier Versuchsphasen Tracking alleine, Tracking mit Hören/Planen1, Tracking mit Hören/Planen2 und Tracking mit Sprechen. Der Fehler beschreibt die absolute Abweichung zwischen Mauscursor und Ziel. Abgebildet ist die über alle Durchgänge gemittelte Fehlerrate.

Die deskriptive graphische Analyse zeigt den zeitlichen Verlauf des Fehlers. Zu Beginn der Sequenz befindet sich der Fehler auf einem niedrigen Niveau, der Abstand zwischen der Maus und dem Ziel ist demnach gering. Der Fehler steigt jedoch stark an, sobald das Ziel eine neue Koordinate auslost und seine Bewegungs-richtung ändert. Er steigt so lange an, bis mit der Maus die Verfolgung des Ziels in die neue Bewegungsrichtung aufgenommen wird. Der Fehler findet sein Maximum etwa bei Sequenznummer 25 (das heißt, das Ziel bewegt sich etwa 250 ms von der Maus weg ohne dass die Maus sich auf das Ziel zubewegt). Es braucht also eine gewisse Zeit, bis die Probanden sich auf die neue Bewegungsrichtung des Ziels einstellen und dann das Ziel verfolgen können. Sobald dies geschehen ist und die Verfolgung des Ziels wieder aufgenommen wird, reduziert sich der Fehler und findet sich erneut auf einem niedrigen Niveau ein.

Differenziert man den Fehlerverlauf für die unterschiedlichen Versuchsphasen, so fällt in der deskriptiven Analyse auf, dass das Fehlerniveau beim Tracking ohne Zusatzaufgabe am niedrigsten ist. Die Schnelligkeit, mit der die Maus sich nach erreichtem Fehlermaximum dem Ziel wieder annähert, was durch die Steigung des Graphen ersichtlich wird, ist in der Einzelaufgabenbedingung am größten.

Für die räumliche Sprechaufgabe sind die Unterschiede zwischen den Versuchsphasen besonders deutlich (siehe Abb. 13). Der Fehler weist für die vier Phasen deutliche Niveauunterschiede auf, wobei die Fehler für das Tracking alleine und das Tracking in Verbindung mit Hören/Planen1 geringer sind. In den Phasen Tracking mit Hören/Planen2 und Tracking mit Sprechen liegt der Fehler deutlich höher und die Geschwindigkeit, mit der die Maus sich dem Ziel annähert, ist geringer.

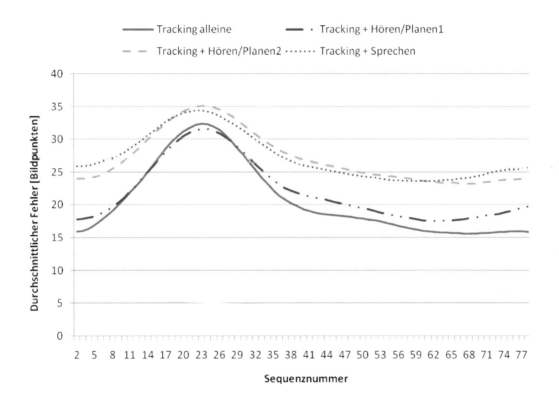

Abb. 13: Zeitlicher Verlauf des Fehlers als mittlere Abweichung der Maus vom Ziel in Bildpunkten für einen Bildwechsel in den unterschiedlichen Versuchsphasen für die räumliche Sprechaufgabe.

Für die nicht-räumliche Sprechaufgabe zeigt sich ein ähnliches Bild, die Unterschiede zwischen den vier Phasen sind allerdings nicht so prägnant (siehe Abb. 14).

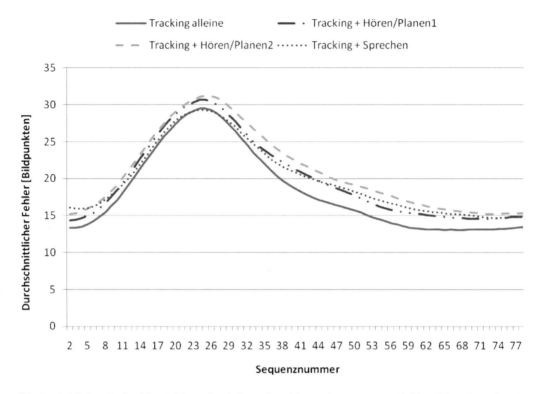

Abb. 14: Zeitlicher Verlauf des Fehlers als mittlere Abweichung der Maus vom Ziel in Bildpunkten für einen Bildwechsel in den unterschiedlichen Versuchsphasen für die nicht-räumliche Sprechaufgabe.

In einer multifaktoriellen ANOVA mit Messwiederholung ergibt sich bei der multivariaten Auswertung der Faktor Zykluszeit als einziger Haupteffekt auf die Trackingleistung ($F_{(5,14)}$=89,484; p<.001***). Die Trackingleistung variiert demnach mit dem zeitlichen Ablauf der Sequenz. Auch beim univariaten Test der Innersubjekteffekte erweist sich der Faktor Zykluszeit als hochsignifikante Einflussgröße auf die Fehlerrate ($F_{(5,90)}$=86,968; p<.001***). Für den Faktor Phase lässt sich keine Hauptwirkung feststellen ($F_{(3,54)}$=2,589; p=.114). Es liegt allerdings eine Interaktion zwischen den Faktoren Phase und Zykluszeit vor ($F_{(15,270)}$=2,388; p=.034*). Daraus lässt sich entnehmen, dass der Faktor Phase sich nicht hinsichtlich des gesamten Fehlerniveaus auswirkt, sondern der Phaseneinfluss sich in der Verlaufsausprägung der Fehlerrate niederschlägt. Der Verlauf der Fehlerrate ist eine Funktion des Adaptionsverhaltens der Probanden und genau dieses unterscheidet sich in den vier Versuchsphasen.

Ein Test der Innersubjektkontraste liefert für den Faktor Zykluszeit einen hochsignifikanten kubischen Trend ($F_{(1,18)}$=255,179; p<.001***), demnach ist davon auszugehen, dass die Verlaufsfunktion der Fehlerrate ein Minimum, ein Maximum und einen Wendepunkt besitzt. Der graphischen Darstellung des Fehlerverlaufs ist zu entnehmen, dass die Randbereiche sich asymptotisch einem geringen Fehlerniveau anschmiegen. Auch der Innersubjektkontrast für die Interaktion der Faktoren Phase und Zykluszeit (Phase linear, Zykluszeit kubisch) erweist sich als signifikant ($F_{(1,18)}$=9,499; p=.006**).

Beim Test der Zwischensubjekteffekte lässt sich keine Hauptwirkung des Faktors Inhalt auf die Fehlerrate feststellen ($F_{(1,18)=}$0,959; p=.34).

In paarweisen Vergleichen, in denen die vier Versuchsphasen in den Zykluszeiten gegeneinander getestet werden (siehe Abb. 15), wird kein Paarvergleich signifikant.

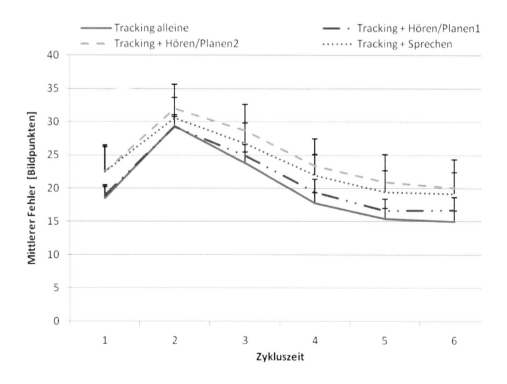

Abb. 15: Approximiertes Verlaufsdiagramm der mittleren Fehlerrate in Bildpunkten über sechs gemittelte Zykluszeiten für die vier Versuchsphasen.

Daraus lässt sich entnehmen, dass die Verlaufsveränderung des Fehlers, die sich in unterschiedlichem Maße über die Versuchsphasen verändert, nicht auf einen bestimmten Zeitpunkt festlegen lässt.

In einem multivariaten Test basierend auf paarweisen Vergleichen zwischen dem Effekt der Faktoren Phase und Sequenzzeit ergibt sich kein signifikanter Kontrast.

4.2.2. Mausbewegung

Die Abbildungen 16 und 17 zeigen graphisch den zeitlichen Verlauf der gemittelten Mausbewegungsgeschwindigkeit für eine Sequenz - also ein Zielwechsel - für die vier Versuchsphasen Tracking alleine, Tracking mit Hören/Planen1, Tracking mit Hören/Planen2 und Tracking mit Sprechen. Abgebildet ist die über alle Durchgänge gemittelte Mausbewegung.

Zu Beginn der Sequenz wird die Maus kaum bewegt, dies ist als Äquivalent dazu zu sehen, dass in der Zeit der Fehler (s.o.) sehr schnell ansteigt. Etwa ab Sequenznummer 25 wird die Maus schneller bewegt, das ist die Zeit, in der der Fehler sein Maximum findet. Mit Beginn der schnelleren Mausbewegung wird die Verfolgung des Ziels aufgenommen und der Fehler sinkt. Das Maximum der Mausbewegungsgeschwindigkeit liegt etwa bei Sequenznummer 35, der Zeitpunkt, an dem der Fehler bereits wieder auf ein geringeres Niveau gebracht wurde und von dort an bis zum Ende der Sequenz schließlich mit einer leichten Bewegung gehalten wird. Die deskriptive Analyse zeigt, dass die zeitlichen Verläufe der Fehlerrate und der Mausbewegungsgeschwindigkeit um rund 100 ms phasenverschoben sind, die funktionalen Verläufe sich jedoch gleichen.

Differenziert man den Mausbewegungsverlauf für die unterschiedlichen Versuchsphasen, so fällt in der deskriptiven Analyse auf, dass die Mausbewegung beim Tracking ohne Zusatzaufgabe in ihrem Maximum am größten ist. Die Schnelligkeit, mit der die Maus sich nach erreichtem Fehlermaximum dem Ziel wieder annähert, was durch die Steigung des Graphen und das Niveau des Maximums ersichtlich wird, ist in der Einzelaufgabenbedingung am größten. Dieses Verhalten führt auch dazu, dass unter Einzelaufgabenbedingung das Fehlerniveau am schnellsten reduziert und gehalten werden kann.

In den anderen Versuchsphasen sinkt über das Tracking mit Hören/Planen1, das Tracking mit Hören/Planen2 bis hin zum Tracking mit Sprechen die Bewegungsgeschwindigkeit der Maus, was mit den höheren Fehlerraten in diesen Versuchsphasen einhergeht.

Für die räumliche Sprechaufgabe (Abb. 16) sind die Unterschiede in der Mausbewegung für die vier Versuchsphasen gegenüber der nicht-räumlichen Aufgabe (Abb. 17) etwas deutlicher zu erkennen, wenngleich die vorliegenden Unterschiede die gleiche Richtung annehmen.

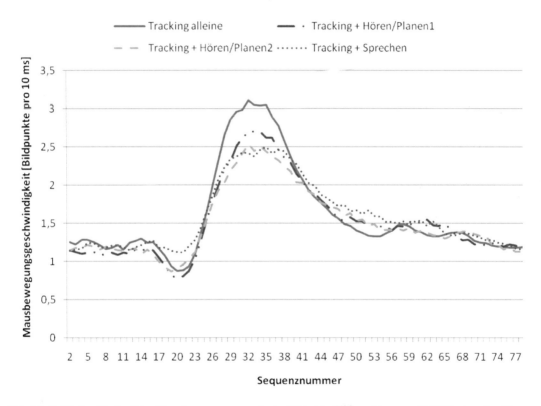

Abb. 16: Zeitlicher Verlauf der Mausbewegungsgeschwindigkeit in Bildpunkten pro 10 Millisekunden für einen Bildwechsel in den unterschiedlichen Versuchsphasen für die räumliche Sprechaufgabe.

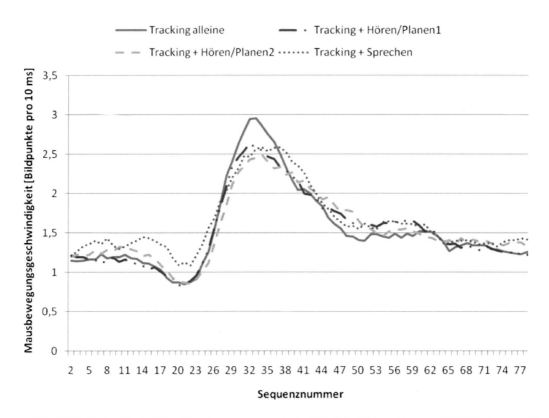

Abb. 17: Zeitlicher Verlauf der Mausbewegungsgeschwindigkeit in Bildpunkten pro 10 Millisekunden für einen Bildwechsel in den unterschiedlichen Versuchsphasen für die nicht-räumliche Sprechaufgabe.

In einer multifaktoriellen ANOVA mit Messwiederholung ergibt sich bei der multivariaten Auswertung der Faktor Zykluszeit als einziger Haupteffekt auf die Mausbewegungsgeschwindigkeit ($F_{(5,14)}$=117,352; p<.001***). Die Mausbewegung variiert demnach in Abhängigkeit von der Zykluszeit.

Auch beim univariaten Test der Innersubjekteffekte stellt sich eine hochsignifikante Hauptwirkung des Faktors Zykluszeit heraus ($F_{(5,90)}$=99,439; p<.001***). Der Faktor Phase erweist sich hierbei nicht als Einflussgröße ($F_{(3,54)}$=2,027; p=.131). Die Interaktion der beiden Faktoren wird hochsignifikant ($F_{(15,270)}$=5,542; p<.001***). Daraus lässt sich entnehmen, dass der Faktor Phase zwar keine Auswirkung hinsichtlich des globalen Niveaus der Mausbewegungsgeschwindigkeit hat, dass sich der Phaseneinfluss jedoch in der Verlaufsausprägung der Mausbewegung niederschlägt. Der zeitliche Verlauf der Mausbewegung ist eine Funktion des Adaptionsverhaltens der Probanden und genau dieses unterscheidet sich in den vier Versuchsphasen.

Ein Test der Innersubjektkontraste liefert sowohl für den Faktoren Phase ($F_{(1,18)}$=5,482; p=.031*) und Zykluszeit ($F_{(1,18)}$=509,691; p<.001***), einen signifikanten quadratischen Verlaufstrend, für den Faktor Zykluszeit ebenso einen Verlaufstrend vierter Ordnung ($F_{(1,18)}$=171,262, p<.001***), demnach ist davon auszugehen, dass die Verlaufsfunktion der Mausbewegung einem negativ parabolischen Trend mit einem Maximum folgt. Der graphischen Darstellung des Mausbewegungsverlaufs ist zu entnehmen, dass insbesondere die Randbereiche sich eher dem Trend vierter Ordnung annähern, was durch zwei tendenzielle Minima im Randbereich und zwei angedeutete Wendepunkte zwischen den Minima und Maxima deutlich wird. Auch der Innersubjektkontrast für die Interaktion der Faktoren Phase und Zykluszeit (Phase quadratisch, Zykluszeit linear) erweist sich als signifikant ($F_{(1,18)}$=20,685; p<.001***).

Beim Test der Zwischensubjekteffekte lässt sich keine Hauptwirkung des Faktors Inhalt auf die Mausbewegung feststellen ($F_{(1,18)}$=0,016; p=.899).

In paarweisen Vergleichen, in denen die vier Versuchsphasen in den Zykluszeiten gegeneinander getestet werden, besteht in der zweiten Zykluszeit ein signifikanter Unterschied zwischen der Mausbewegung im Tracking mit Hören/Planen1 und Sprechen (α=.012*) sowie zwischen der Mausbewegung im Tracking mit Hören/Planen 2 und Sprechen (α=.035*), in der dritten Zykluszeit wird der Kontrast zwischen Tracking alleine und Tracking mit Hören/Planen1 signifikant (α=.049*) und in der fünften Zykluszeit erweisen sich die Mittelwertunterschiede der Trackingleistung mit Hören/Planen1 und Hören/Planen2 (α=.049*), sowie der Trackingleistung mit Hören/Planen2 und Sprechen (α=.021*) als überzufällig (siehe Abb.18).

In einem multivariaten Test basierend auf paarweisen Vergleichen zwischen dem Effekt der Faktoren Phase und Sequenzzeit ergeben sich für die zweite ($F_{(3,16)}$=4,840; p=.014*), die dritte ($F_{(3,16)}$=3,314; p=.047*) und die fünfte Zykluszeit ($F_{(3,16)}$=7,050; p=.003**) signifikante Kontraste.

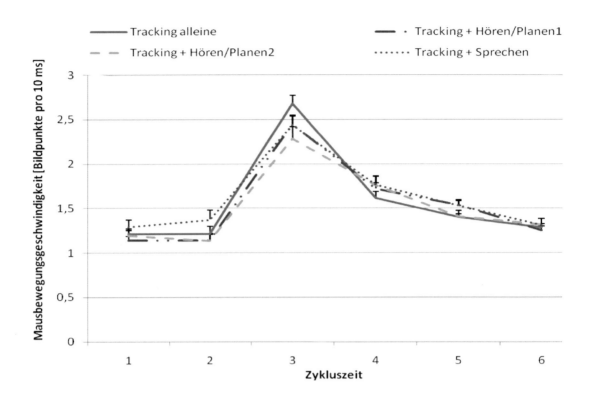

Abb. 18: Approximiertes Verlaufsdiagramm der mittleren Mausbewegung in Bildpunkten pro 10 Millisekunden über sechs gemittelte Zykluszeiten für die vier Versuchsphasen.

5. Diskussion

5.1. Diskussion der Ergebnisse

5.1.1. Sprechaufgabe

Entsprechend der H_1 wurde erwartet, dass die Leistungen der Sprachparameter (Fehleranzahl, Latenzzeit, Sprechgeschwindigkeit und Pausenanzahl) in der Doppelaufgabe schlechter sind als in der Einzelaufgabe. Ein solcher Trend wird zwar deskriptiv deutlich, kann inferenzstatistisch jedoch nicht abgesichert werden. Auf Grundlage der vorliegenden Daten kann die H_1 somit nicht uneingeschränkt angenommen werden. Der Einfluss der Zusatzaufgabe zeigt sich erst in der Interaktion der Faktoren.

Deutlich wird jedoch der von H_2 prognostizierte Einfluss des Inhalts der Sprechaufgabe. In der räumlichen Sprechaufgabe fallen die Leistungen in den abhängigen Variablen deutlich schlechter aus als in der nicht-räumlichen Sprechaufgabe. H_2 kann somit angenommen werden.

Besonders interessant ist die Interaktion der beiden untersuchten Faktoren (Inhalt und Zusatzaufgabe). Die Auswirkung des Faktors Inhalt unterscheidet sich in Abhängigkeit davon, ob die Aufgabe mit oder ohne Zusatzaufgabe ausgeführt wurde. Unter Zusatzaufgabenbedingung sind die Leistungen bei der räumlichen Sprechaufgabe deutlich schlechter als bei der nicht-räumlichen Aufgabe. Dieser Effekt zeigt sich in der Einzelaufgabe nicht. Eine mögliche Erklärung dafür könnte in einer unterschiedlichen Aufgabenschwierigkeit liegen. Obwohl das Sprachmaterial möglichst analog konstruiert wurde, besteht die Möglichkeit, dass unabhängig von der strukturellen Analogie die kognitive Belastung bei der Ausführung der Aufgaben unterschiedlich hoch ist. Den Ergebnissen nach müsste die räumliche Aufgabe dann mehr kognitive Ressourcen beanspruchen. Für die Lösung der nicht räumlichen Aufgabe gelangt zunächst die auditiv dargebotene Information in den sensorischen Kurzzeitspeicher und von dort aus über die phonologische Schleife ins Arbeitsgedächtnis (vgl. Modell von Baddeley & Hitch, 1974). Dort wird unter Einbezug der zentralen Exekutive die eingegangene Information (z.B. ein Porsche ist teuer) mit dem Wissen aus dem Langzeitgedächtnis (deklaratives Gedächtnis) verglichen und überprüft. Es ist davon auszugehen, dass der visuell-räumliche Skizzenblock ebenfalls an der Bearbeitung

der Aufgabe beteiligt ist, wenn die Probanden sich ein Bild von dem zu überprüfen-
den Gegenstand machen. Die Beteiligung des visuell räumlichen Skizzenblocks
dürfte jedoch eher sekundär zur Lösung der Aufgabe beitragen. Die zentrale Exekutive koordiniert schließlich die Informationen und es wird eine Entscheidung über den
Wahrheitsgehalt der Aussage getroffen. Bei der Bearbeitung der räumlichen Aufgabe
gelangt die Information ebenfalls über die phonologische Schleife ins Arbeitsgedächtnis (z.B. die Mensa ist links). Dort ist nun eine Repräsentation des Gehörten im
visuell-räumlichen Skizzenblock zu generieren. Zusätzlich dazu muss eine mentale
Rotation als Anpassung an die vorgegebene Person-Gebäude Konstellation vorgenommen werden. Dann wird auch hier Wissen über die geographischen Gegebenheiten auf dem Campus (deklaratives Gedächtnis – Lageplan) aus dem Langzeitgedächtnis abgerufen und mit dem generierten Plan im visuell-räumlichen Skizzenblock
verglichen. Diese Integrationsarbeit leistet wieder die zentrale Exekutive.

Es ist denkbar, dass die unterschiedlichen Anforderungen, die zur Lösung der beiden
Aufgaben erforderlich sind, ursächlich für die vorliegenden Ergebnisse sind. Das
würde bedeuten, dass die Aufgaben unterschiedlich schwierig sind und deshalb in
der einen Aufgabe schlechtere Leistungen erzielt werden. Diese Annahme lässt sich
jedoch widerlegen, da die Leistungen in der räumlichen und nicht-räumlichen Aufgabe sich unter Einzelaufgabenbedingung nicht unterscheiden.

5.1.2.   Tracking-Aufgabe

Unter Annahme der H_1 war davon auszugehen, dass die Fehlerrate in der Einzelaufgabe geringer ist als unter Doppelaufgabenbedingung und zwar sowohl hinsichtlich
des Fehlermaßes über Alles als auch im zeitlichen Verlauf. Deskriptiv lässt sich
dieser Trend des Niveauunterschieds zwar feststellen, sowohl für das Fehlermaß
über Alles als auch im zeitlichen Verlauf, inferenzstatistisch wird dieses Ergebnis
allerdings nicht signifikant. Die H_1 kann somit nicht angenommen werden. Dennoch
bleibt zu erwähnen, dass insbesondere die Anforderungen der Phasen Hö-
ren/Planen2 und Sprechen zu größeren Fehlerraten führen. Es scheint also tatsächlich auch über das Handling hinaus (z.B. McEvoy et al., 2005) nicht die motorische
Komponente der Sprachebene zu sein, die die Interferenzen verursacht (vgl. Levelt,
1983).

Es war zu erwarten, dass die Trackingleistung unter dem Einfluss der räumlichen Doppelaufgabe schlechter ist als unter dem Einfluss der nicht-räumlichen (H_2). Diese Annahme bestätigt sich zwar auch tendenziell deskriptivstatistisch, wird jedoch in der inferenzstatistischen Auswertung nicht signifikant. Auch wenn die H_2 mit den vorliegenden Daten nicht bestätigt werden kann, bleibt dennoch zu erwähnen, dass die Auswirkung des Inhalts sich in folgenden Punkten bemerkbar macht: das Fehlerniveau ist unter Doppelaufgabenbedingung höher. Viel bedeutsamer aber ist die Tatsache, dass die Mausbewegung in der nicht-räumlichen Bedingung zielgerichteter abläuft. Die Bewegung ist flüssiger und die Annäherung an das Ziel geschieht durch eine schnellere Mausbewegung effizienter.

Die Hauptwirkung der Zykluszeit lässt sich damit erklären, dass zur Ausführung der Aufgabe eine Strategie entwickelt wird. In dem Moment, in dem das Ziel seine Richtung wechselt und eine neue Koordinate ansteuert, bedarf es einer kurzen Orientierungsphase und Reaktionszeit, in der die Maus kaum bewegt wird. Im Anschluss daran erfolgt eine schnelle Annäherung an das Ziel, welche schließlich in einen Justierungsprozess mündet, so lange bis das Ziel wieder seine Richtung ändert. Der funktionale Verlauf des Fehlers ist abhängig von der Mausbewegung. Dementsprechend gleichen sich die zu Grunde liegenden Funktionen sehr stark, sie sind jedoch phasenverschoben, da das Nichtbewegen der Maus genau zu einem Fehleranstieg und das zielgerichtete Bewegen zu einer Fehlerabnahme führt.

Auch bei den Parametern der Tracking-Aufgabe ist die Betrachtung der Interaktion zwischen zwei Faktoren, die Einfluss nehmen, besonders interessant. Hier interagieren die Faktoren Phase und Zykluszeit. Anders ausgedrückt hat die Versuchsphase in den unterschiedlichen Zykluszeiten einen unterschiedlichen Einfluss auf die Fehlerrate und die Mausbewegung. Die Leistungen in den verschiedenen Zykluszeiten sind antizipiert mit unterschiedlichen Problemlösestrategien. Grundsätzlich lässt sich an der Mausbewegung erkennen, dass in den ersten beiden Zykluszeiten eine Orientierung stattfindet, bei der nur eine marginale Bewegung vorgenommen wird. In den zwei darauf folgenden Zykluszeiten geschieht die Annäherung, die mit einer starken Bewegung verbunden ist. Die letzten beiden Zykluszeiten dienen schließlich der Aufrechterhaltung der Annäherung und erfordern wiederum eine geringe Bewegung. Auf diese unterschiedlichen Verhaltensstrategien wirkt sich nun die Versuchsphase in unterschiedlicher Weise aus. Das heißt, abhängig davon, welche Verhaltensstrategie im vorliegenden Moment zielführend ist, wird die Ausführung derselben in unterschiedlichem Ausmaß durch das Sprachverstehen, die Sprachplanung und die Sprachproduktion gestört. Übertragen auf die Benutzung eines Mobiltelefons während der Autofahrt bedeutet das, dass sich Sprachverstehen, -planung und – produktion zwar generell nicht differenziell auf die Fahrleistung auswirken, dass jedoch abhängig von der momentanen Anforderung, die an den Fahrer gestellt wird, die Einflussnahme unterschiedlich groß ist. Insbesondere bei Anforderungen, bei denen Aufmerksamkeit erforderlich ist, ist das Sprechen gegenüber den anderen Aufgaben belastender. Dies sind genau jene Situationen, in denen eine potenzielle Unfallgefahr besteht.

Die Frage, ob Sprachverstehen oder Sprachproduktion belastender ist, lässt sich nur tendenziell beantworten. Die vorliegenden Daten sprechen deskriptiv dafür, dass Sprachproduktion geringfügig belastender ist als Sprachverstehen. Dies würde die „production-plus [Sichtweise]" (Kubose et al., 2006, S.45) stützen. In ähnlicher Weise wie die Sprachproduktion wirkt sich jedoch auch die Sprachplanung aus. Die motorische Komponente bei der Sprachproduktion, die diese Sichtweise prägt (Garnsey & Dell, 1984), kann also nicht alleine dafür verantwortlich sein, dass es zu der größeren Belastung gegenüber dem Sprachverstehen kommt. Diese Schlussfolgerung lässt sich jedoch an Hand der vorliegenden Daten nicht ziehen, auch wenn eine Tendenz in diese Richtung zu erkennen ist. Die Analyse der Daten legt nahe, dass Sprachverstehen und Sprachproduktion sich nicht unterscheiden, was den modularen Ansatz von Bock & Kroch (1989) aufgreift und gegen die H$_3$ spricht.

Doppelaufgaben-Interferenz wird häufig mit Flaschenhalstheorien (z.B. Pashler, 1994) oder Theorien limitierter Ressourcen (z.B. Kahneman, 1973) erklärt. Beide Theorien sind nach der vorliegenden Datenlage vertretbar. Basierend auf Flaschenhalstheorien ist davon auszugehen, dass zwei Aufgaben nicht parallel bearbeitet werden können, sondern nur seriell. Es wird angenommen, dass es zu Leistungsverschlechterungen in der zweiten Aufgabe kommt, da zunächst die erste Aufgabe abgearbeitet wird. Hinsichtlich der Tracking-Aufgabe wäre zu klären, ob das Tracking oder die Sprechaufgabe die erste Aufgabe ist. Wahrscheinlich ist beides denkbar, je nach Präferenz der Probanden. In beiden Aufgaben wurden unter Doppelaufgaben tendenziell Leistungseinbußen festgestellt, die mit einer verzögerten Bearbeitung gekoppelt sein können, was für diese Annahme sprechen würde.

Auch die Theorie limitierter Ressourcen lässt sich mit vorliegender Datenlage halten. Es wird davon ausgegangen, dass eine bestimmte Ressource zur Verfügung steht, mit der Aufgaben bearbeitet werden können. Dies geschieht so lange störungsfrei, bis die Anforderungen der Aufgaben die zur Verfügung stehende Ressource über-schreiten. Für diese Untersuchung bleibt die Frage zu beantworten, ob die Proban-den beide Aufgaben (Tracking-Aufgabe und Sprechaufgabe) gleichwertig bearbeitet haben oder ob sie den Fokus der Bearbeitung auf eine Aufgabe gelegt haben. Danach würde sich die Prognose für die Leistungseinbußen richten. Da nicht nur in einer der Aufgaben eine Leistungsverschlechterung unter Doppelaufgabenbedingung zu verzeichnen ist, ist davon auszugehen, dass die Aufgaben relativ gleichwertig behandelt wurden. Offensichtlich wird bei der gleichzeitigen Ausführung beider Aufgaben die Kapazitätsgrenze überschritten, so dass die Leistung, die in der Einzelaufgabe gezeigt wird, nicht erreicht werden kann. Dies wird insbesondere dann deutlich, wenn die Aufgaben die gleiche kognitive Ressource beanspruchen. Bei der räumlichen Sprechaufgabe sind die Leistungen unter Doppelaufgaben besonders schlecht, da sowohl die Sprechaufgabe und das Tracking räumlich orientiert sind und die Überlastung im Arbeitsgedächtnis somit schneller eintritt.

Insgesamt lässt sich die vorliegende Studie gut in die bestehenden Forschungser-gebnisse, die in der Literatur zitiert sind, einreihen. Als neue Erkenntnis geht hervor, dass Sprachverstehen, -planung und –produktion das Annäherungsverhalten an ein Ziel in Abhängigkeit von der Aufmerksamkeitsanforderung, die die Aufgabe erfordert, in unterschiedlichem Ausmaß beeinflussen. Bezug nehmend auf die Mobiltelefonbe-nutzung während der Autofahrt bedeutet das, dass grundsätzlich in nicht stark belastenden Situationen kein Unterschied besteht, ob Sprache verstanden, geplant oder produziert wird. In Gefahrensituationen hingegen unterscheiden sich die Aus-wirkungen von Sprachverstehen, Sprachplanung und Sprachproduktion. Die Ergeb-nisse dieser Untersuchung legen nahe, dass hierbei das Sprechen besonders belastend und damit potenziell gefährlich im Straßenverkehr ist.

Ebenso konnte diese Untersuchung replizieren, dass die Verschlechterung der Fahrleistung nicht auf eine motorische Komponente zurückzuführen ist, sondern auf eine kognitive Überlastung durch Doppelaufgaben-Interferenz. An dieser Stelle sei noch einmal erwähnt, dass es derzeit in der Bundesrepublik Deutschland erlaubt ist, während der Autofahrt zu telefonieren, solange das Mobiltelefon dabei nicht gehalten wird. Dies impliziert und suggeriert, dass ein Gespräch über die Freisprechanlage ungefährlich ist. Diese und andere Untersuchungen (z.B. Kubose et al, 2006) legen nahe, für ein Telefongespräch die Autofahrt kurzzeitig zu unterbrechen und somit die potenzielle Gefahr für einen Unfall nicht unnötig herauszufordern.

5.2.   Systematische Fehler

Die vorliegende Untersuchung wurde mit vier unabhängigen Versuchsgruppen durchgeführt. Insgesamt haben 40 Probanden an dem Experiment teilgenommen, so dass in jeder Versuchsgruppe letztendlich zehn Probanden waren. Es ist davon auszugehen, dass mit einem solchen Stichprobenumfang kleinere Effektstärken in einer inferenzstatistischen Analyse nicht nachgewiesen werden können. Es ist zu erwarten, dass die Ergebnisse, die im Bericht als Tendenzen formuliert wurden, in einem Untersuchungssetting mit einer größeren Stichprobe statistisch bedeutsam werden würden.

Es stellt sich die Frage, warum in keiner der Analysen eine Hauptwirkung für den Faktor Zusatzaufgabe nachgewiesen werden konnte. Es wäre denkbar dass die Tracking-Aufgabe einen zu geringen Schwierigkeitsgrad besitzt. Die Zielwechsel sind zwar hinsichtlich der Richtung nicht antizipierbar, aber eine zeitliche Antizipation des Wechselereignisses ist möglich, da die Sequenzen alle die gleiche Länge besitzen. Strayer & Johnston (2001) konnten zeigen, dass die Schwierigkeit bzw. Komplexität einer Trackingaufgabe auf die parallel auszuführende Aufgabe auswirkt. Demnach ist nicht auszuschließen, dass die Effekte des Faktors Zusatzaufgabe wegen der geringen Schwierigkeit so klein sind, dass sie inferenzstatistisch nicht signifikant werden. Ebenso ist nicht auszuschließen, dass die Schwierigkeit der Sprechaufgabe komplex genug ist. Hierfür gilt das gleiche wie für die Ausführungen über die Tracking-Aufgabe.

In einer weiterführenden Untersuchung könnte diese Überlegung berücksichtigt werden.

6.   Literaturverzeichnis

Allport, D.A., Antonis, B., & Reynolds, P. (1972). On the divison of attention: A disproof of the single channel hypothesis. *Quarterly Journal of Experimental Psychology, 24,* 225-235.

Alm, H., & Nilsson, L., (1995). The effects of a mobile telephone task on driver behaviour in a car following situation. *Accident Analysis and Prevention, 27,* 707-715.

Atkinson, R.C. & Shiffrin, R.M., (1968). Human Memory: A proposed system and its control processes. In K.W. Spence & J.T. Spence (Eds.), *The Psychology of learning and motivation (Vol. 2).* London: Academic Press.

Baddeley, A.D., & Hitch, G.J., (1974). Working Memory. In G.H. Bower (Ed.), *The psychology of learning and motivation (Vol. 8).* London: Academic Press.

Benedict, H., (1979). Early lexical development: comprehension and production. *Journal of Child Language, 6,* 183-200.

Bock, K., (1995). Sentence production: From mind to mouth. In J.L. Miller & P.D. Eimas (Ed.), *Handbook of perception and cognition: Speech, language and communication* (Vol. 11, pp. 181-216). Orlando, FL: Academic Press.

Bock, J.K., Dell, D.S., Garnsey, S.M., Kramer, A.F., & Kubose, T. T. (2007). Car talk, car listen. In A.S. Meyer, L. Wheeldon & A. Krott (Eds.), *Automaticity and control in language processing* (pp. 21-42). Hove, East Susse: Psychology Press.

Bock, J.K., & Kroch, A.S., (1989). The isolability of syntactic processing. In G.N. Carlson, & M.K. Tananhaus (Eds.), *Linguistic structure in language processing* (pp. 157-196). Dordrecht: Kluwer.

Bortz, J. Statistik für Human- und Sozialwissenschaftler. Springer, Berlin, 6. Auflage 2004.

Bosshardt, H.-G., Ballmer, W., & de Nil, L. F. (2002). Effects of category and rhyme decisions on sentence production. *Journal of speech; Language and Hearing Research, 45(5),* 844-857.

Briem, V., & Hedman, L.R., (1995). Behavioural effects of mobile telephone use during simulated driving. *Ergonomics, 38,* 2536-2562.

Brookhuis, K.A., de Vries, G., & de Waard, D., (1991). The effects of mobile tele-phoning on driving performance. *Accident Analysis and Prevention, 23,* 309-316.

Brown, I.D., Tickner, A.H., & Simmonds, D.C.V., (1969). Interference between concurrent task of driving and telephoning. *Journal of Applied Psychology, 53,* 419-424.

Cutler, A., & Butterfield, S., (1992). Rhytmic cues to speech segmentation: evidence from juncture misperception. *Journal o Memory and Language, 31,* 218-236.

Duncan, J. (1979). Divided attention: The whole is more than the sum of its parts. *Journal of Experimental Psychology: Human Perception, 5,* 216-228.

Ford, M., & Holmes, V., (1978). Planning units and syntax in sentence production. *Cognition, 6,* 35-53.

Garnsey, S.M., & Dell, G.S., (1984). Some neurolinguistic implications of prearticula-tory edition in production. *Brain and Language, 23,* 64-73.

Haigney, D.E., Taylor, R.G., & Westerman, S.J., (2000). Concurrent mobile (cellular) phone use and driving performance: Task demand characteristics and compen-satory processes. *Transportation Research, Part F,* 113-121.

Holmes, V.M., & Foster, K.I., (1970). Detection of extraneous signals during sentence recognition. *Perception and Psychophysics, 7,* 297-301.

Irwin, M., Fitgerald, C., & Berg, W.P., (2000). Effect oft he intensity of wireless telephone conversations of reaction time in breaking response. *Perceptual and Motor Skills, 90,* 1130-1134.

Jennes, J.K., Lattanzio, R.J., O`Toole, M., Taylor, N. &Pax, C. (2002). Effects of manual versus voice-activated dialing during simulated driving. *Perceptual and Motor Skills, 94,* 363-379.

Kahneman, D. (1973). *Attention and effort.* Englewood Cliffs, NJ: Prentive Hall.

Koch., I. (2008). Mechanismen der Interferenz in Doppelaufgaben. *Psychologische Rundschau, 59,* 24-32.

Kubose, T.T., Bock, K., Dell, G.S., Garnsey, S.M., Kramer, A.F., & Mayhugh, J. (2006). *The effects of speech production and speech comprehension on simulated driving performance.* Applied Cognitive Psychology, 20(1), 43-63.

Lamble, M., Kauranen, T., Lassko, M., & Sumalla, H., (1999). Cognitive load and detection thresholds in car following situations: safety implications of using mobile (cellular) telephones while driving. *Accident Analysis and Prevention, 31,* 617-623.

Levelt, W.J.M., (1983). Monitoring and self-repair in speech. *Cognition, 14,* 41-104.

Martin, R., Lesch, M., & Bartha, M. (1999). Independence of input and output phonology in word processing and short-term memory. *Journal of Memory and Language, 41,* 3-29.

Matthes-von Cramon, G., & von Cramon, D.Y, (2000). Störungen exekutiver Funktionen. In: Sturm, W., Herrmann, M., Wallesch, CW . Hrsg. *Lehrbuch der Klinischen Neuropsychologie*, Lisse: Swets & Zeitlinger.

McEvoy, S. P., Stevenson, M. R., McCartt, A. T., Woodward, M., Haworth, C., & Palmara, P. (2005). Role of mobile phones in motor vehicles crashes resulting in hospital attandance: A cross-over study, *BMJ* (doi:10.1136/bmj.38537.397512.397555 (published 397512 July 392005)).

McKnight, A.J., & McKnight, A.S., (1993). The effect of cellular phone use upon drive attention. *Accident Analysis and Prevention, 25,* 259-265.

Navon, G. A., & Gopher, D. (1979). On the economy of the human-processing system. *Psychological Review. 86,* 214-255.

Navon, G. A., & Miller, J. L. (2002). Queuing or sharing? A critical evaluation of the single-bottleneck notion. *Cognitive Psychology, 44,* 193-251.

Norman, D.A., & Shallice, T., (1986). Attention to action: Willed and automatic control of behavior. In R.J. Davison, G.E. Schwartz, & D. Shapiro (Eds.), *The design of everyday things.* New York: Doubleday.

Nunes, L.M., & Recarte, M.A., (2002). Cognitive demands of hands-free-phone conversation while driving. *Transportation Research, Part F 5,* 133-144.

Oberauer, K., & Hockl, I. (2003). Sprachproduktion und kognitive Resourcen. In T. Herrmann & J. Grabowski (Eds.), *Sprachproduktion* (pp. 361-392). Göttingen: Hogrefe Verlag für Psychologie.

Pashler, H. (1994). Dual-task interference in simple tasks: Data and theory. *Psychological Bulletin, 116,* 220-244.

Redelmeier, D. A., & Tibshirani, R. J., (1997). Associations between cellular-telephone calls and motor vehicle collisions. *The New England Journal of Medicine, 336,* 453-458.

Spelke, E.S., Hirst, W.C., Neisser, U. (1976). Skills of devided attention. *Cognition, 4,* 215-230.

Stevens, J. P. Applied Multivariate Statistics for the Social Sciences. 4th edition (2002). Lawrence Erlbaum Associates, Publishers. Mahwah, New Jersey.

Strayer, D.L., Drews, F.A., & Johnston, W.A., (2003). Cellphone-induced failures of visual attention during simulated driving. *Journal of Experimental Psychology, Applied, 9,* 23-32.

Strayer, D.L., & Johnston, W.A., (2001). Driven to distraction: Dual-task studies of simulated driving and conversing on a cellular telephone. *Psychological Science, 12,* 462-466.

Straßenverkehrsordnung für die Bundesrepublik Deutschland, § 23 Abs. 1a.

Sullivan, L. (1976). Selective attention and secondary message analysis: A reconsideration of Broadbent`s filter model of selective attention. *Quarterly Journal of Experimental Psychology, 28,* 167-178.

Violanti, J.M., (1998). Cellular phones and fatal traffic collisions. *Accident Analysis and Prevention, 30,* 519-524.

Violanti, J.M., & Marshall, J.R., (1996). Cellular phones and traffic accidents: an epidemiological approach. *Accident Analysis and Prevention, 28,* 265-270

Welford, A.T. (1952). The psychological refractory period and the timing of high speed performance. *British Journal of Psychology, 43,* 2-19.

7.   Anhang

7.1.   Sätze in Versuchsreihenfolge

7.1.1.   Räumlich

Probe:

Das Audimax ist vorne und das GA ist rechts.

Die UB ist hinten und das NA ist links.

Das IA ist rechts und das HZO ist vorne.   ƒ

Die Mensa ist links und das MA ist hinten.   ƒ

Haupt:

Das NA ist vorne und das MA ist hinten.   (13)

Das IA ist hinten und das NA ist links.   (12)

Die Mensa ist links und das HZO ist vorne.   ƒ (hinten) (13)

Das NA ist rechts und das HZO ist hinten.   ƒ   (vorne rechts) (13 12)

Die Mensa ist rechts und die UB ist links.   (11)

Die Mensa ist vorne und das Audimax ist vorne. (14)

Die UB ist links und das Audimax ist rechts. (12)

Das HZO ist vorne und die UB ist rechts.   ƒ (links) (13)

Das IA ist rechts und das Audimax ist rechts.   ƒ (hinten links) (13 12)

Das IA ist links und das MA ist hinten. (12)

Die UB ist hinten und das MA ist vorne.   ƒ (hinten rechts) (13 12)

Das IA ist vorne und das GA ist links.   ƒ (hinten) (13)

Das MA ist rechts und das GA ist vorne. (12)

Das Audimax ist hinten und das HZO ist hinten.   ƒ (rechts) (14)

Das GA ist links und das NA ist links.   ƒ (hinten) (12)

Das GA ist hinten und die Mensa ist rechts. (12) hinten auch möglich

7.1.2. Nicht-räumlich

Probe:

Ein Taschentuch ist billig und ein Halstuch ist leicht.

Ein Flugzeug ist teuer und ein Baumstamm ist schwer.

Ein Grashalm ist leicht und ein Diamant ist billig. ƒ

Ein Frachtschiff ist schwer und ein Bonbon ist teuer. ƒ

Haupt:

Ein Brötchen ist billig und ein Traumhaus ist teuer. (13)

Ein Traumhaus ist teuer und ein Traktor ist schwer. (12)

Ein Anker ist schwer und ein Diamant ist billig. ƒ (13)

Ein Faden ist leicht und ein Taschentuch ist teuer. ƒ (13)

Ein Grashalm ist leicht und ein Frachtschiff ist schwer. (11)

Ein Bonbon ist billig und ein Taschentuch ist billig. (14)

Ein Baumstamm ist schwer und ein Schmetterling ist leicht. (12)

Ein Zahnstocher ist billig und ein Anker ist leicht. ƒ (13)

Ein Streichholz ist leicht und ein Reisebus ist leicht. ƒ (12)

Ein Frachtschiff ist schwer und ein Porsche ist teuer. (12)

Ein Porsche ist teuer und ein Flugzeug ist billig. ƒ (13)

Ein Bleistift ist billig und ein Faden ist schwer. ƒ (12)

Ein Halstuch ist leicht und ein Bleistift ist billig. (12)

Ein Diamant ist teuer und ein Zahnstocher ist teuer. ƒ (15)

Ein Traktor ist schwer und ein Grashalm ist schwer. ƒ (11)

Ein Laptop ist teuer und ein Streichholz ist leicht. (12)